Strickrechner

cm	8	9	10	11	12	13	14	15	16	17	18	19	20	21	22	23	24	25	26	27	28	29	30	31	32	33	34	35	36	37	38	39	40	41	42	43	44	45	46	47	48	49
100	80	90	100	110	120	130	140	150	160	170	180	190	200	210	220	230	240	250	260	270	280	290	300	310	320	330	340	350	360	370	380	390	400	410	420	430	440	450	460	470	480	490
90	72	81	90	99	108	117	126	135	144	153	162	171	180	189	198	207	216	225	234	243	252	261	270	279	288	297	306	315	324	333	342	351	360	369	378	387	396	405	414	423	432	441
80	64	72	80	88	96	104	112	120	128	136	144	152	160	168	176	184	192	200	208	216	224	232	240	248	256	264	272	280	288	296	304	312	320	328	336	344	352	360	368	376	384	392
70	56	63	70	77	84	91	98	105	112	119	126	133	140	147	154	161	168	175	182	189	196	203	210	217	224	231	238	245	252	259	266	273	280	287	294	301	308	315	322	329	336	343
60	48	54	60	66	72	78	84	90	96	102	108	114	120	126	132	138	144	150	156	162	168	174	180	186	192	198	204	210	216	222	228	234	240	246	252	258	264	270	276	282	288	294
50	40	45	50	55	60	65	70	75	80	85	90	95	100	105	110	115	120	125	130	135	140	145	150	155	160	165	170	175	180	185	190	195	200	205	210	215	220	225	230	235	240	245
40	32	36	40	44	48	52	56	60	64	68	72	76	80	84	88	92	96	100	104	108	112	116	120	124	128	132	136	140	144	148	152	156	160	164	168	172	176	180	184	188	192	196
30	24	27	30	33	36	39	42	45	48	51	54	57	60	63	66	69	72	75	78	81	84	87	90	93	96	99	102	105	108	111	114	117	120	123	126	129	132	135	138	141	144	147
20	16	18	20	22	24	26	28	30	32	34	36	38	40	42	44	46	48	50	52	54	56	58	60	62	64	66	68	70	72	74	76	78	80	82	84	86	88	90	92	94	96	98
10	8	9	10	11	12	13	14	15	16	17	18	19	20	21	22	23	24	25	26	27	28	29	30	31	32	33	34	35	36	37	38	39	40	41	42	43	44	45	46	47	48	49
9	7	8	9	10	11	12	13	14	14	15	16	17	18	19	20	21	22	23	23	24	25	26	27	28	29	30	31	32	32	33	34	35	36	37	38	39	40	41	41	42	43	44
8	6	7	8	9	10	10	11	12	13	14	14	15	16	17	18	18	19	20	21	22	22	23	24	25	26	26	27	28	29	30	30	31	32	33	34	34	35	36	37	38	38	39
7	6	6	7	8	8	9	10	11	11	12	13	13	14	15	15	16	17	18	18	19	20	20	21	22	22	23	24	25	25	26	27	27	28	29	29	30	31	32	32	33	34	34
6	5	5	6	7	7	8	8	9	10	10	11	11	12	13	13	14	14	15	16	16	17	17	18	19	19	20	20	21	22	22	23	23	24	25	25	26	26	27	28	28	29	29
5	4	5	5	6	6	7	7	8	8	9	9	10	10	11	11	12	12	13	13	14	14	15	15	16	16	17	17	18	18	19	19	20	20	21	21	22	22	23	23	24	24	25
4	3	4	4	4	5	5	6	6	6	7	7	8	8	8	9	9	10	10	10	11	11	12	12	12	13	13	14	14	14	15	15	16	16	16	17	17	18	18	18	19	19	20
3	2	3	3	3	4	4	4	5	5	5	5	6	6	6	7	7	7	8	8	8	8	9	9	9	10	10	10	11	11	11	11	12	12	12	13	13	13	14	14	14	14	15
2	2	2	2	2	2	3	3	3	3	3	4	4	4	4	4	5	5	5	5	5	6	6	6	6	6	7	7	7	7	7	8	8	8	8	8	9	9	9	9	9	10	10
1	1	1	1	1	1	1	1	2	2	2	2	2	2	2	2	2	2	3	3	3	3	3	3	3	3	3	3	4	4	4	4	4	4	4	4	4	4	5	5	5	5	5

Maschen/Reihen

BEISPIEL STRICKRECHNER

Gezählt:
21 Maschen auf 10 cm

Gehe zu:
Spalte Maschen/Reihe 21

Gesucht:
Maschenzahl für die Länge von 54 cm

Aus Tabelle lesen:
bei 50 cm = 105 Maschen/Reihen
bei 4 cm = 8 Maschen/Reihen

Ergebnis:
bei 54 cm = 113 Maschen/Reihen

Maßtabelle (Angaben in cm)

Alter	1-3 Monate	3-6 Monate	6-9 Monate	9-11 Monate	11-12 Monate	1-2 Jahre	3 Jahre	4 Jahre	5 Jahre	6 Jahre
Größe	**62**	**68**	**74**	**80**	**86**	**92**	**98**	**104**	**110**	**116**
Gesamtweite	23	24	26	28	30	32	37	38	40	42
Gesamtlänge	24	25	27	29	32	34	40	42	43	47
Halsausschnitt	9	10	10	11	12	13	14	15	15	16
Ärmellänge gesamt	15	16	17	19	21	23	28	30	32	34
Ärmelbreite unten	14	15	16	16	17	17	18	18	20	20
Ärmelbreite oben	22	24	24	26	28	30	34	36	38	38

Bei den Werten in der Tabelle handelt es sich um Durchschnittswerte, die Sie individuell anpassen könen. Bei dickeren Garnen empfiehlt es sich, bei der Breite und Länge 2 bis 3 cm zuzugeben.

Annika Beck
Stefanie Hanisch
Kathja Herrenknecht
Liane Kühn
Dana Nobereit
Simone Raab
Milla Schoen
Tanja Steinbach

Weekend Stricken

Wir danken der Firma Coats für die Unterstützung bei diesem Buch:
Coats GmbH Kenzingen, www.coatsgmbh.de

Weekend Stricken

Zwei rechts, zwei links, zwei rechts, zwei links usw. Ja, Stricken macht garantiert süchtig! Noch vor einiger Zeit war Stricken nur was für Ökos und Omis, doch jetzt liest man in vielen Berichten von Stars wie Julia Roberts, Uma Thurman oder Sarah Jessica Parker, die ebenfalls der Strick-Manie verfallen sind.

Übrigens: Stricken kann genauso entspannend sein wie Yoga. Das rhythmische Klappern der Stricknadeln hat die Wirkung eines beruhigenden Mantras. Ihre Gedanken schweifen ab, ihr Verstand konzentriert sich auf die Maschen und das Zählmuster.

Genießen Sie ein Wochenende mit Wolle und Stricknadeln. Im Buch finden Sie viele Modelle, die Sie an nur einem oder maximal zwei Wochenenden anfertigen können. Was halten Sie von einem kuscheligen Kissen oder Schal? Aber auch lustige Kuscheltiere oder Puppenkleider sind was ganz Besonderes. Schöne Socken oder ein Poncho sind immer ein individuelles Geschenk. Beschenken Sie sich selbst, Ihre Familie und Freunde mit selbst gestrickten Kostbarkeiten.

Viel Spaß und Erholung beim Stricken!

Schwierigkeitsgrad

Die Modelle lassen sich in folgende Schwierigkeitsgrade einteilen:

- einfach
- etwas schwieriger
- anspruchsvoll

ABKÜRZUNGEN

abk = abketten
abn = abnehmen
auff = auffassen
beids = beidseitig
Fb = Farbe
Hinr = Hinreihe(n)
M = Maschen(n)
Nd = Nadel(n)
R = Reihe(n)
Rd = Runde(n)
Rdm = Randmasche(n)
Rückr = Rückreihe(n)
str = stricken
U = Umschlag
wdh = wiederholen
zun = zunehmen
zus = zusammen

Tipp: Die Materiallisten für die Modelle beinhalten genaue Garnbezeichnungen. Im Fachhandel finden Sie ein vielfältiges Angebot an verschiedensten Garnen und Farben.

So wird's gemacht

Maschenprobe

Bevor Sie mit einer Strickarbeit beginnen, sollten Sie unbedingt vorher eine Maschenprobe machen. Diese Zentimeter bilden die Grundlage für die gezeigten Modelle. Und nur so wird Ihr Modell dem entsprechen, was Sie sich vorstellen. Die Maschenprobe wird immer in der gleichen Nadelstärke gestrickt, welche für das große Strickteil angewendet wird bzw. im Grundmuster.
Stricken Sie für die Maschenprobe ein Probestück von 12 cm x 12 cm (Anschlag mindestens 30 Maschen). Dann zählen Sie die Maschen und die Reihen für 10 cm.
Zählen Sie weniger Maschen und Reihen, als die Anleitungen angeben, dann müssen Sie entweder fester stricken oder eine halbe bis eine ganze Nadelstärke weniger nehmen.
Zählen Sie mehr Maschen und Reihen, dann stricken Sie entweder etwas lockerer oder verwenden dickere Nadeln. Die bessere und sicherere Möglichkeit ist das Wechseln der Nadelstärke.

Strickarbeit fertig stellen

Zunächst die Fäden der Strickteile vernähen und dann die fertigen Strickteile mit Stecknadeln auf einer weichen Unterlage (z. B. Teppich, Styropor- oder Schaumstoffplatte oder Bügelunterlage) auf die richtigen Maße stecken. Darauf ein feuchtes Tuch legen oder mit einem Wäschesprüher befeuchten. Nun die Teile trocknen lassen. Dann können Sie die einzelnen Teile zusammennähen.

Knötchenstich

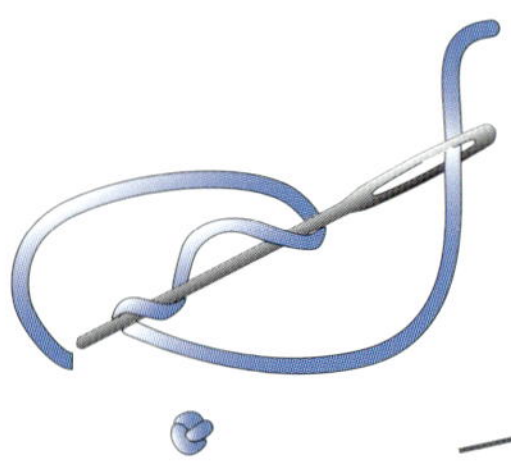

Kettenstich

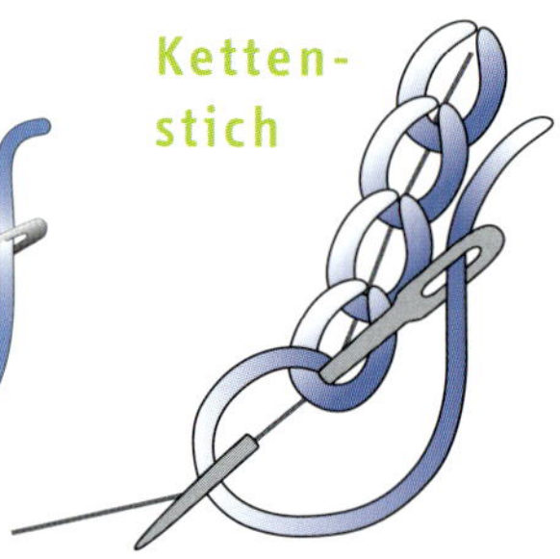

Spannstich

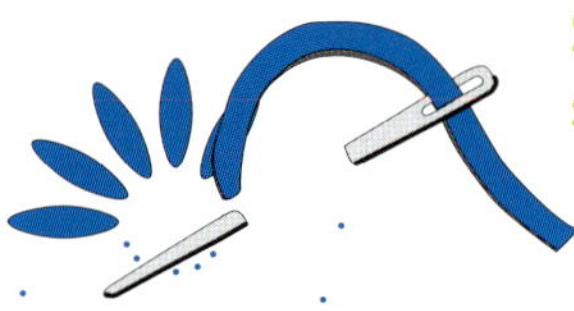

Stielstich

Plattstich

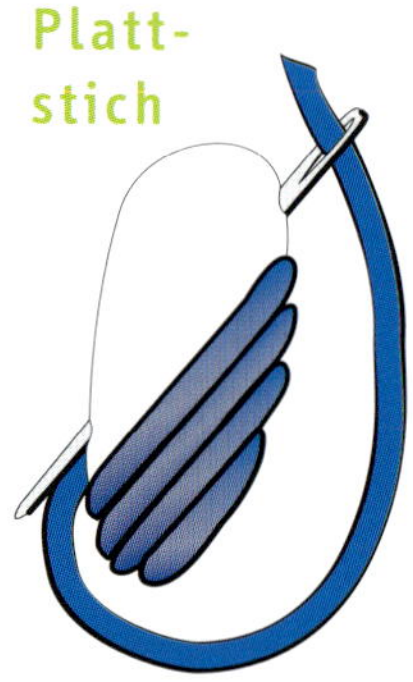

Nähte im Matratzenstich schließen

Beide Strickstücke werden mit der rechten Seite nach oben nebeneinander gelegt, zuerst werden die Randmaschen der Anschlag- bzw. Abkettreihe verbunden. Stechen Sie dafür neben beiden Randmaschen nacheinander von unten nach oben aus. Führen Sie dann die Wollnadel im ersten Strickteil um den ersten Querfaden zwischen Randmasche und Gestrick, beim gegenüberliegenden Teil führen Sie die Wollnadel um den ersten und zweiten Querfaden, zurück beim ersten Teil führen Sie die Wollnadel um den zweiten und dritten Querfaden, also um eine Reihe versetzt gegenüber des anderen Teils. Arbeiten Sie in diesem Prinzip weiter und achten dabei darauf, dass der Faden nicht zu stark angezogen wird.

Tipp: Bei Glatt links gestrickten Teilen wird von Anfang an immer nur ein Querfaden auf jeder Seite erfasst, dadurch ist der Nahtfaden später nicht mehr von einer linken Masche zu unterscheiden!

Tipp: Arbeiten Sie mit einer Wollnadel ohne Spitze und mit dem gleichen Garn, mit dem das Strickstück angefertigt wurde.

Wenn die Abkettreihe an die Seitenkante eines Strickstückes im Matratzenstich angenäht werden soll, muss beachtet werden, dass die Reihenzahl nicht mit der Maschenzahl übereinstimmt (vgl. Maschenprobe!). Messen Sie sich zuerst an der Seitenkante den Bereich ab, an den die Abkettkante angenäht werden soll und stecken diese daran fest. Jeweils eine Masche der Abkettkante wird mit einem oder zwei Querfäden der Seitenkante verbunden. Um die unterschiedliche Zahl an Maschen und Reihen auszugleichen, empfiehlt es sich, nach jeweils 1-2 Maschen, die folgende Masche mit nur einem Querfaden der Seitenkante zu verbinden.

Knopflöcher in Blenden einstricken mit abgeketteten Maschen

In der fünften Blendenreihe (oder wie für Ihr Knopfloch erforderlich) für ein Knopfloch drei Maschen abketten.

Anschließend die drei Maschen anschlagen und somit den Zwischenraum überbrücken. Dann gemäß dem Muster bis zur gewünschten Blendenbreite weiter stricken und alle Maschen abketten.

Kordeln häkeln

Wenn Sie zum ersten Mal eine Kordel mit den Fingern häkeln, nehmen Sie am besten ein dickes Garn in zwei Farben.

1 Bilden Sie eine Knotenschlinge (blauer Faden), in diese eine zweite Schlinge ohne Knoten hineinlegen (weißer Faden), wobei jeweils ein Fadenende lang sein und das andere kurz unter dem Knotenpunkt der Schlinge enden soll. Nur mit den langen Fadenenden weiterarbeiten. Den Knoten anziehen. Nun die weiße Schlinge über den Zeigefinger legen.

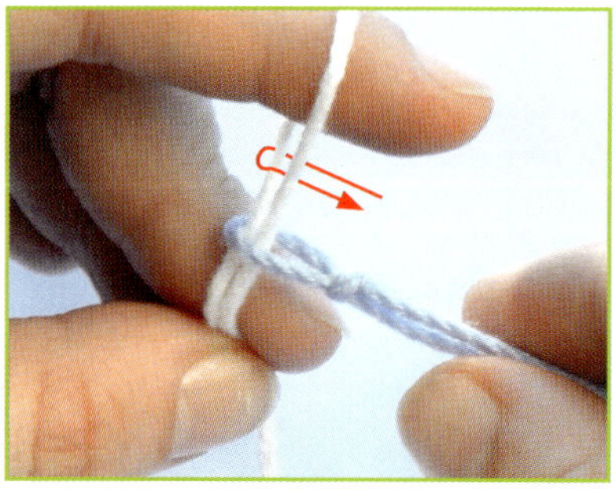

2 Gehen Sie mit dem rechten Zeigefinger von hinten durch diese Schlinge (siehe Pfeil in Abb. 1), um den blauen Faden durchzuholen, sodass eine neue Schlaufe entsteht. Mit der linken Hand die vorherige Schlinge zusammenziehen (am weißen Faden ziehen). Jetzt liegt die blaue Schlaufe über dem rechten Zeigefinger.

3 Nun gehen Sie mit dem linken Zeigefinger ebenfalls von hinten in die Schlaufe, um den weißen Faden durchzuholen, sodass eine neue Schlinge entsteht. Mit der rechten Hand die vorherige Schlaufe anziehen (am blauen Faden ziehen).

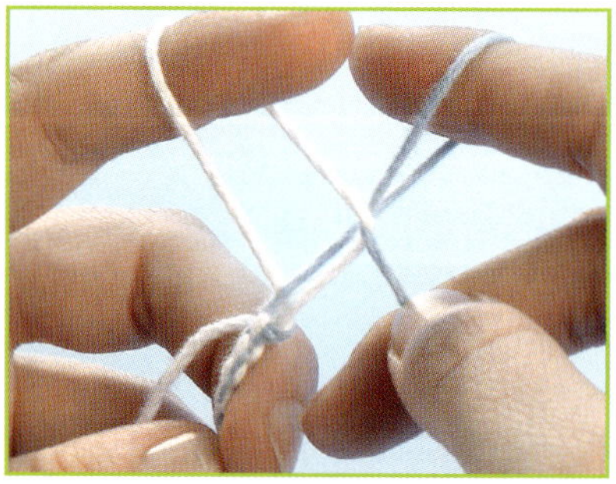

2. und 3. immer abwechselnd wiederholen.

Kordeln stricken

Runde Kordeln können Sie auch stricken. Verwenden Sie Nadeln ohne Köpfchen. Schlagen Sie sechs Maschen an und stricken Sie diese rechts ab. Nun alle Maschen von der linken Seite der Nadel auf die rechte Seite schieben.

Die Maschen von vorn rechts stricken. Den Faden nach der ersten Masche fest anziehen, damit sich die Runde schließt. Immer wieder werden die Maschen von der linken Seite der Nadel auf die rechte geschoben und nur rechts abgestrickt. Es entsteht eine runde Kordel.

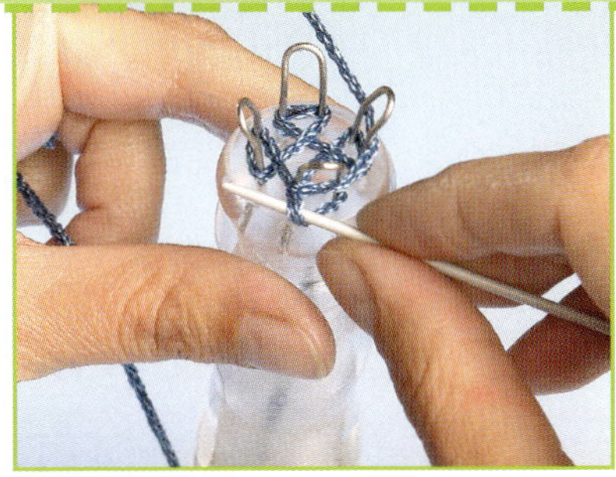

Arbeiten mit der Strickliesel

Das Fadenende von oben nach unten mithilfe einer Woll- oder Häkelnadel durch die Strickliesel ziehen. Das Fadenende etwa 10 cm heraushängen lassen. Die Strickliesel in die Hand nehmen und das Fadenende mit dem kleinen Finger und dem Ringfinger festhalten.

Mit der anderen Hand den Faden so um die Haken legen, dass Schlaufen entstehen. Dabei den Faden im Uhrzeigersinn um den ersten Haken wickeln, als Nächstes den rechts davon liegenden Haken ebenso umwickeln. Die Strickliesel dabei immer ein bisschen drehen.

Wenn der letzte Haken umwickelt ist, wird der Faden so vor dem ersten Haken vorbeigeführt, dass er oberhalb des Schlaufenfadens liegt. Der Faden wird mit den Fingern der Hand gespannt, die die Strickliesel hält. Mit der Nadel von der Strickliesel von oben nach unten die Schlaufe fassen und über den gespannten Querfaden ziehen. Die erste Masche ist fertig. Die Strickliesel ein wenig nach links drehen, damit der gespannte Faden vor dem nächsten Haken liegt. Im Uhrzeigersinn vorgehen und die Schlaufen über den gespannten Faden ziehen. Die Kordel wird während des Arbeitens nach und nach am Fadenende aus der unteren Öffnung gezogen.

Hinweis: Mit der Strickliesel lassen sich sehr gut glatte und feine Garne verarbeiten. Aber auch die neuen Effektgarne sind für die Strickliesel geeignet, allerdings werden die Kordeln dadurch weniger flauschig und etwas fester.

Kordeln abketten

Wenn die gewünschte Länge der Kordel erreicht ist, werden die Maschen abgekettet. Den Faden nicht zu kurz abschneiden und in eine Wollnadel einfädeln. Den Faden nacheinander durch alle Schlaufenmaschen ziehen. Den Faden hochziehen und die Kordel aus der Strickliesel ziehen. Den Faden anschließend gut vernähen.

Die Strickmühle

Mit der Strickmühle lassen sich aus glatten Garnen bis Nadelstärke 3 im Handumdrehen Kordeln herstellen.

Beim Arbeiten mit der Strickmühle immer darauf achten, dass die Zungen der Haken, die den Faden greifen, nach unten geklappt sind, die Haken richtig schließen und anschließend den Faden komplett freigeben. Der Faden muss locker vom Knäuel laufen. Ein Widerstand beim Drehen der Kurbel ist ein Zeichen dafür, dass die Strickmühle nicht richtig arbeitet. Meist hat sich dann der Faden in der Öse der unteren Fadenführung verhakt und muss gelöst werden. Das Gewicht muss während des Arbeitens gelegentlich weiter oben angebracht werden.

MODE UND ACCESSOIRES

Modisches und Accessoires selbst gestrickt und das in Nullzeit. Werten Sie Ihre Garderobe mit flauschigen Schals in Pelzoptik auf. Verzieren Sie Ihre Jeansjacke mit Ansteckblumen oder stricken Sie sich faszinierenden Schmuck und trendige Taschen selbst.

Schwarz-Weiß-Chic

→ mit passender Brosche

Grundmuster

In Hinr nach Strickschrift str, dabei wie gezeichnet beginnen, Rapport stets wdh. In Rückr alle M links str, die abgehobenen M der Hinr abheben, dabei liegt der Faden vor der M. Die Kästchen neben der Reihenangabe geben an, mit welcher Farbe die R gestrickt werden.

Glatt rechts

Hinr rechts, Rückr links

Anleitung

Tasche

72 M in Schwarz anschlagen und im Grundmuster str. Nach ca. 46 cm Höhe noch 2 R glatt rechts in Schwarz str, dann alle M abk. Die Tasche links auf links zur Hälfte falten, Seitennähte 11 cm schließen. Anschlagrand und Abkettkante um die Taschengriffe legen und auf der Rückseite annähen.

Brosche

Eine Nd Nr. kleiner verwenden und fester str.

18 M + 2 Rdm in Schwarz anschlagen. Die 1. R links, dann von der Mitte des Rapports zu jeder Seite 9 Maschen abzählen im Grundmuster str. Nach 15 R noch 1 R in Schwarz str, alle M abk.

Den Abkettfaden durch alle Rdm und durch alle gestrickten M ziehen. Faden etwas anziehen und den Button einlegen. Den Faden festziehen, verknoten und zum Schluss vernähen. Laut Abbildung Pailletten und Rocailles aufsticken.

Tipp: Sie können die Brosche auch an eine Jacke anstecken.

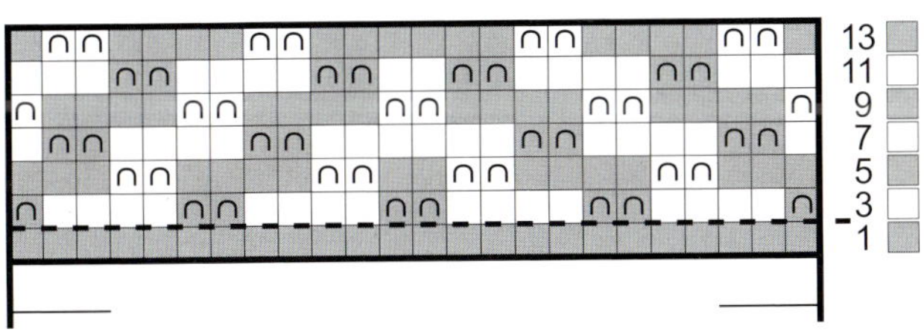

- □ = 1 rechte M in Weiß
- ▒ = 1 rechte M in Schwarz
- ∩ = 1 weiße M links abheben, dabei liegt der Faden in der Hinr hinter, in der Rückr vor der M
- ∩ (grau) = 1 schwarze M links abheben, dabei liegt der Faden in der Hinr hinter, in der Rückr vor der M

GRÖSSE
ca. 36 cm x 23 cm

MATERIAL
- Schachenmayr Punto in Natur mouliné (Fb 02) und Schwarz (Fb 99), je 100 g
- Rundstricknd Nr. 3-4
- 1 Paar Strickn d Nr. 2-3
- 2 Taschengriffe in Schwarz, ø ca. 13 cm
- Button, ø 6 cm
- gewölbte Pailletten in Silber, ø 6 mm
- Rocailles in Transparent, ø 2,6 mm
- stumpfe Wollnd

MASCHENPROBE
Mit Nd Nr. 3,5 im Grundmuster 20 M und 22 R = 10 cm x 10 cm

Pelzkragen

→ ein edles Accessoire

GRÖSSE
ca. 25 cm breit und 104 cm lang

MATERIAL
- Schachenmayr Brazilia Lungo in Schwarz (Fb 299) und Nougat (Fb 210), je 100 g
- Schachenmayr Brazilia Color in Nepal (Fb 115), 50 g
- Rundstricknd Nr. 8-9
- Perlmuttschließe
- Hornstab

MASCHENPROBE
Mit Nd Nr. 8-9 im Grundmuster ca. 9 M und 11 R = 10 cm x 10 cm

Grundmuster

Glatt rechts: Hinr rechts, Rückr links

Hinweis: Der Kragen wird mit dreifachem Faden gestrickt, mit je einen Faden in Schwarz, Nougat und Nepal.

Anleitung

Mit den drei Fäden 3 M anschlagen und 1 Rückr linke M, dann glatt rechts str. Dabei an der rechten Kante in jeder Hinr nach der Rdm 22x 1 M rechts verschränkt aus dem Querfaden zun (= 25 M bei 40 cm Höhe). Über diese M 2 R str, dann mit verkürzten R arbeiten. Dafür *15 M str, mit 1 U wenden und zurück str; 2 R über alle M str, dabei in der 1. R den U mit der folgenden M rechts zusstr, ab * 11x wdh = 26 R bzw. 50 R mit verkürzten R in 64 cm Höhe. Nun an der rechten Kante in jeder Hinr nach der Rdm 22x 1 M mit der folgenden M rechts zusstr, dann die restlichen 3 M abk = 104 cm Höhe. Die angegebenen Maße werden jeweils an der Krageninnenseite gemessen. Die Kragenspitzen übereinander legen und mit Schließe und Stab verbinden.

Poncho mit Karomuster

→ raffiniertes Farbenspiel

GRÖSSE
36-42

MATERIAL
- Schachenmayr Boston in Anthrazit (Fb 98), 450 g
- Schachenmayr Boston Multi Color in See Color (Fb 186), 250 g
- Rundstricknd Nr. 7-8
- Nadelspiel Nr. 7-8
- Häkelnd Nr. 7-8

MASCHENPROBE
Mit Nd Nr. 7-8 im Grundmuster 13 M und 21 R = 10 cm x 10 cm

Grundmuster

Nach der Strickschrift in R arbeiten. R 1 bis 12 stets wdh

Rippenmuster

2 M rechts, 2 M links im Wechsel in Rd

Häkelfransen

*2 fM in die M der Vor-R; für die lange Franse 16 Lm, wenden, die 1. Lm übergehen und in die restlichen 15 Lm jeweils 1 Km häkeln; 2 fM in die M der Vor-R; für die kurze Franse 11 Lm, wenden, die 1. Lm übergehen und in die restlichen 10 Lm jeweils 1 Km häkeln und ab * stets wdh. Die Rd mit 1 Km in die 1. fM beenden.

- = Fb A, glatt rechts, in Hinr rechts str, in Rückr links str
- = 1 M links abheben, in Hinr den Faden **hinter** der M weiterführen, in Rückr den Faden **vor** der M weiterführen
- = 1 M links abheben und die U der Vor-R fallen lassen, Faden liegt hinter der M
- = Fb B, kraus rechts, 1 M rechts in Hin- und Rückr
- = Fb B, in Hinr 2 U, dann die folgende M rechts str

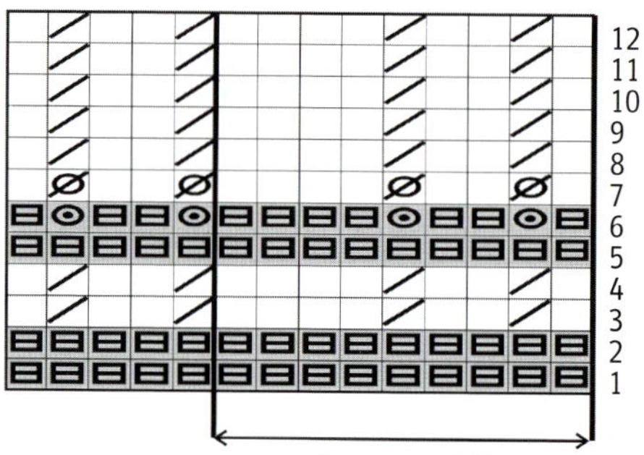

Rapport = 9 M

Anleitung

Es werden zwei gleich große Teile gestrickt. Für das erste Teil die Farben wie folgt einteilen: Fb A = Boston Anthrazit, Fb B = Boston Multi Color See Color. 61 M in Fb B anschlagen, die Anschlag-R zählt als 1. R der Strickschrift, das bedeutet, die folgende Rückr laut 2. R der Strickschrift arbeiten, Mascheneinteilung wie folgt: Rdm, 6x Rapport à 9 M, 5 M laut Strickschrift, Rdm. R 1 bis 12 insgesamt 11x wdh, nach 132 R, noch einmal R 1 bis 5 str, in der folgenden Rückr alle M abk. Das zweite Teil ebenso anfertigen, allerdings die Farben tauschen: Fb A = Boston Multi Color See Color, Fb B = Boston Anthrazit. Beide Teile nach dem Schnittschema zusnähen. Aus dem Halsausschnitt 64 M in Anthrazit auff und auf das Nadelspiel verteilen, dann in Rd im Rippenmuster weiterarbeiten, nach 24 cm alle M abk und den Rollkragen zur Hälfte nach außen umschlagen. Die unteren Ponchokanten mit 1 Rd fM und 1 Rd Häkelfransen in Anthrazit umhäkeln.

Skizze

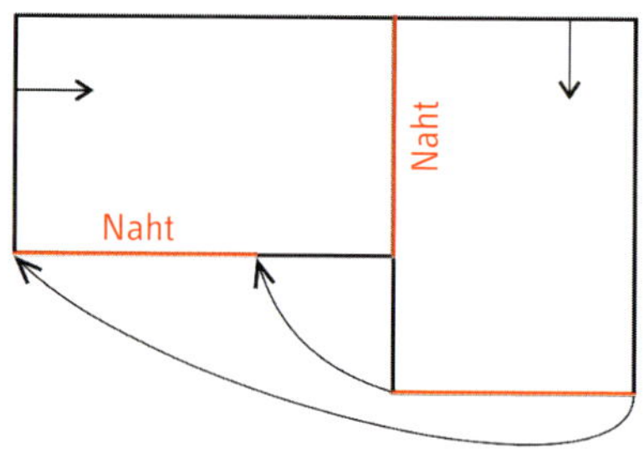

Polarfuchs als Schal

→ ein echter Hingucker

GRÖSSE
Schal ca.
15 cm x 100 cm

MATERIAL

- Schachenmayr Brazilia Color in Marmor (Fb 87), 150 g
- Schachenmayr Brazilia in Weiß (Fb 01), 100 g
- Nadelspiel Nr. 4,5-5
- 2 Knöpfe mit Steg in Schwarz, ø 1,5 cm (für die Augen)
- Garnrest in Schwarz zum Besticken
- Pelzhaken
- Füllwatterest
- Garn in Weiß (zum Annähen)

MASCHEN-PROBE
Mit Nd Nr. 4,5-5 im Grundmuster 18 M und 28 R = 10 cm x 10 cm

Grundmuster

Glatt rechts: in Rd nur rechte M str

Glatt rechts: Hinr rechts, Rückr links

Streifenfarbfolge:

je 4 Rd in Marmor, 4 Rd in Weiß im Wechsel

Zunahmen in Rd

Vor der letzten M der 1. und 3. Nd und nach der 1. M der 2. und 4. Nd 1 M aus dem Querfaden verschränkt zun.

Abnahmen in Rd

Die zweit- und drittletzte M der 1. und 3. Nd rechts zusstr, die 2. und 3. M der 2. und 4. Nd rechts überzogen zusstr.

Stickvorlage

Anleitung

Den Kopf in Marmor arbeiten und mit den Ohren beginnen. Für jedes Ohr 10 M anschlagen und in R str. In jeder 2. R beids 3 x 1 M zun, dann die 16 M stilllegen. Zwischen den Ohren je 20 M anschlagen (= 72 M, je Nd 18 M) und in Rd weiterarbeiten. Den Rd-Übergang in der hinteren Mitte mit einem farbigen Faden kennzeichnen. Nach 8 Rd für die Kopfform in jeder Rd 4 x 1 Abnahme arbeiten (= 56 M) und 8 Rd ohne Abnahmen, dann die Abnahmen in jeder 2. Rd 6 x und in jeder 4. Rd 3 x arbeiten (= 20 M). Nach einer weiteren Rd die M abketten.
Die untere Kante schließen, dabei die Naht etwas zusziehen. Den Kopf besticken: Die Nase im Plattstich, Nasenlinien einschließlich Augenbrauen und Ohrenkonturen im Stielstich. Den Kopf flach mit Füllwatte ausstopfen, die obere Öffnung schließen.

WEITERFÜHRUNG

Polarfuchs als Schal

Die Ohren abnähen und die Knopfaugen fest aufnähen.

Rumpf und Schwanz in der angegebenen Streifenfarbfolge str.
Für den Rumpf 60 M anschlagen, auf 4 Nd verteilen (je 15 M) und in Rd str. Nach ca. 55 cm in jeder Rd 4 x die Abnahmen arbeiten, über die 44 M ca. 10 Rd str, dann in jeder 2. Rd 3 x die Zunahmen arbeiten (= 56 M). Über diese 56 M den Schwanz ca. 25 cm str, dann in jeder Rd 8 x die Abnahmen arbeiten, die restlichen 24 M auf einem Faden zusziehen und vernähen.

Für die vier Pfötchen je 30 M in Weiß anschlagen, auf 3 Nd (je 10 M) verteilen und in Rd ca. 4 cm str, dann 10 x 3 M rechts zusstr und über die restlichen 10 M in Marmor eine Strickkordel mit 2 Nd vom Spiel arbeiten (siehe Allgemeine Erklärungen). Nach ca. 15 cm Gesamtlänge die M abk. Die Pfötchen mit einer kleinen Füllwattekugel ausstopfen, die untere Kante schließen und die Krallen aufsticken. Dafür in Schwarz drei Spannstiche um die Kante sticken. Die Teile an den Rumpf nähen: Vorderpfötchen mit 12 cm Abstand zur Anschlagkante, Hinterpfötchen mit ca. 30 cm Abstand zu den Vorderpfötchen. Den fertig gearbeiteten Kopf an den Rumpf nähen und einen Pelzhaken als Verschluss unter den Kopf, die Öse an den Schwanzansatz nähen.

GRÖSSE
ca. ø 9 cm

MATERIAL BUNTE BLÜTE

- Schachenmayr Xisco in Lollipop Color (Fb 85), 25 g
- ummantelter Schmuckdraht in Flieder, ø 1,3 mm, ca. 1 m lang
- transparenter Nähfaden (z. B. Coats Sonal)
- je 6 Swarovski®-Kristall-Schliffperlen in Hellgrün, Rosa und Violett, ø 4 mm
- Anstecknadel zum Annähen, 3 cm lang
- Strickmühle mit 4 Zacken bzw. Nadelspiel Nr. 4-5
- Nähnadel

GOLDENE BLÜTE

- Anchor Arista in Softgold (Fb 303), 25 g
- ummantelter Schmuckdraht in Gold, ø 1,3 mm, ca. 1 m lang
- transparenter Nähfaden (z. B. Coats Sonal)
- 18 Swarovski®-Kristall-Schliffperlen in Oliv, ø 4 mm
- Anstecknadel zum Annähen, 3 cm lang
- Strickliesel mit 4 Zacken
- Nähnadel

Anstecknadeln

→ Blume mit Perlen

Anleitung

Eine Strickkordel von ca. 1 m Länge anfertigen, Fäden vernähen. In die Kordel den ummantelten Schmuckdraht einziehen. Es empfiehlt sich, einen passenden Farbton zu wählen, da der Draht durchscheinen kann. Die Kordel in Schlingen zu einer Blüte legen, am besten mit einer „8" beginnen. Von außen nach innen zur Blütenmitte arbeiten. Mit größeren Schlingen von ca. 4 cm bis 5 cm Durchmesser beginnen und zur Blütenmitte die Schlingen kleiner werden lassen. Dabei immer über die Mitte kreuzen und die Schlingen beim Kreuzen mit dem transparenten Nähfaden mit einigen Stichen fixieren. Das Reststück der Strickkordel in der Mitte zu einer Schnecke drehen.

Die Kristallperlen auf den transparenten Nähfaden auffädeln und in der Blütenmitte befestigen.

Tipp: Sie können die Blüte auch auf einer Haarspange befestigen und Ihr Haar zusammenhalten.

Kropfband in Rot oder Blau

→ mit superschönen Schmuckperlen

LÄNGE
nach Bedarf

MATERIAL
- Strickliesel mit 4 Zacken bzw. Nadelspiel Nr. 4

KETTE IN BLAU
- Schachenmayr Brazilia in Royal bicolor (Fb 251), Rest oder 50 g
- Kettenverschluss in Silber, ø 5 mm
- 2 Schmuckperlen in Altsilber, ø 1,2 cm
- Anhänger mit gezogener Glasperle in Blau, ca. ø 2 cm

KETTE IN ROT
- Schachenmayr Brazilia in Rubin bicolor (Fb 231), Rest oder 50 g
- Steckverschluss in Silber, ø 7 mm
- Anhänger mit gezogener Glasperle in Rot, ca. ø 2 cm

Anleitung

Mit der Strickliesel oder mit 2 Nd des Nadelspiels über 4 M eine Strickkordel in ca. 34 cm Länge bzw. der dem Halsumfang entsprechenden Länge anfertigen.
M zuziehen, Fäden vernähen. Auf die Strickkordel die Perlen nach Abbildung oder eigenem Geschmack auffädeln. Die Kettenenden mit Heißkleber in die Verschlusshülsen kleben.

Tipp: Diese Kollektion passt hervorragend zu Ihrem Jeans-Outfit. Aber natürlich können Sie die Ketten auch zu edlen Stoffen tragen.

Träger-Top mit Kordelzug

→ super cool

GRÖSSE
34/36-38/40

MATERIAL
- Schachenmayr Catania Color in Asia (Fb 35), 100/100/150 g
- Schachenmayr Catania in Jaffa (Fb 189), 100/100/150 g
- 1 Paar Stricknd Nr. 3
- Häkelnd Nr. 3

MASCHENPROBE
Mit Nd Nr. 3 im Grundmuster 25 M und 36 R = 10 cm x 10 cm

Grundmuster

Glatt rechts: Hinr rechts, Rückr links

Streifenfarbfolge: 4 R Asia und 4 R Jaffa im Wechsel

Bündchenmuster

Kraus rechts: Hinr rechts, Rückr rechts

Anleitung

Rückenteil: 92/96/102 M mit Nd 3 anschlagen und 4 R im Bündchenmuster in Jaffa str. Weiter im Grundmuster und der angegebenen Streifenfarbfolge str. Bei einer Gesamtlänge von 8 cm für den Kordeldurchzug eine Lochreihe wie folgt str: Rdm, *2 M rechts zusstr, 1 U. Ab * stets wdh, Rdm. Weiter im Grundmuster str und bei einer Gesamtlänge von 26/27/28 cm für die Armausschnitte beids in jeder 2. R 1x 3, 3x 2 und 10x 1 M abk.

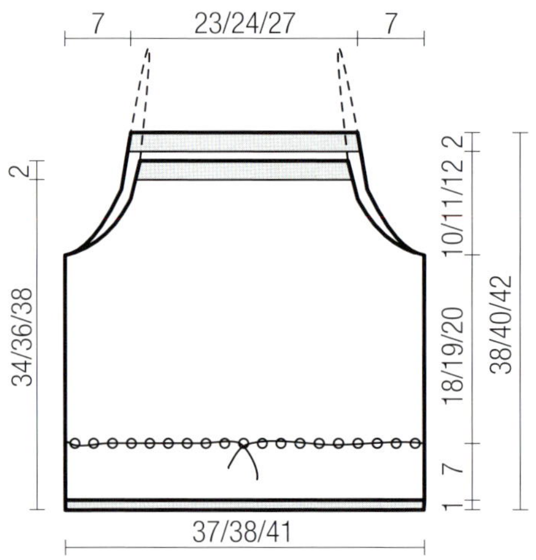

Bei einer Gesamtlänge von 36/38/40 cm über die verbleibenden 54/58/64 M noch 2 cm im Bündchenmuster in Jaffa str. Bei 38/40/42 cm Gesamtlänge alle M locker abk.

Vorderteil: Bis zu den Armausschnitten wie das Rückenteil str und ebenfalls den Kordeldurchzug einarbeiten. Bei 26/27/28 cm Gesamtlänge für die Armausschnitte beids in jeder 2. R 2x 4, 2x 3, 1x 2 und 5x 1 M abk. Bei 34/36/38 cm Gesamtlänge über die verbleibenden 50/54/60 M noch 2 cm im Bündchenmuster str. Bei 36/38/40 cm Gesamtlänge alle M locker abk.

Kordel: Aus Asia mit doppeltem Faden eine ca. 115/118/125 cm lange Kordel in Stäbchen häkeln und in die Lochreihe einziehen.

Träger: Mit doppeltem Faden zwei ca. 25/27/29 cm lange Träger in Stäbchen häkeln und an das Top annähen. Die Länge der Träger den eigenen Maßen anpassen.

Fertig stellen: Teile spannen, mit feuchtem Tuch belegen, trocknen lassen und die Seitennähte schließen. Alle Fäden vernähen.

IDEEN FÜR KIDS

Stricken Sie doch Kuscheltiere selbst. Mit den neuen, flauschigen Effektgarnen werden sie zum Knuddeln süß. Oder überraschen Sie Ihren kleinen Liebling doch mit einem selbst gestrickten Puppen-Outfit! Aber auch süße Mode für die Kleinen selbst macht Lust auf mehr!

Henriette Hoppelhase

→ tanzt für ihr Leben gern

Grundmuster

Glatt rechts: Hinr rechts, Rückr links
In Runden nur rechte M str

Kraus rechts

Hinr rechts, Rückr rechts

Körper und Kopf

Mit Rosato in Rosa 8 M (= 2 M je Nd) anschlagen und in Rd glatt rechts str. 10x in jeder Rd 4 M zun (= 12 M je N), 3x in jeder 2. Rd 4 M zun (= 15 M je Nd). Anschließend 10 Rd str, dann 3x in jeder 6. Rd 4 M abn (= 12 M je Nd), 4x in jeder 2. Rd 4 M abn (= 8 M je Nd) und noch 1 Rd str. Den Körper während des Strickens mit Füllwatte ausstopfen. Nun fängt der Kopf an: 4x in jeder 2. Rd 4 M zun (= 12 M je Nd) und dann 10 Rd str, danach 4x in jeder 2. Rd 4 M abn. Den Kopf während des Strickens ebenfalls ausstopfen. 6x in jeder Rd 4 M abn. Restliche 8 M mit doppeltem Faden zuziehen und Faden vernähen.

Bein (2x stricken)

Mit Rosato in Rosa 16 M (= 4 M je Nd) anschlagen und in Rd glatt rechts str. 12 Rd str, dann 1x 4 M zun (= 5 M je Nd), weitere 8 Rd str. 1x 4 M zun (= 6 M je Nd), 4 Rd str. 1x 4 M zun (= 7 M je Nd). Nun eine Ferse arbeiten. Die Fersenwand über 14 M und 14 R str. Die Käppcheneinteilung beträgt 3 M/8 M/3 M, aus den Seiten der Fersenwand je 7 M herausstr. Die M der 1. und 4. Nd durch das Arbeiten eines Spickels wieder auf 7 M reduzieren. 15 Rd str, 5x in jeder 2. Rd 4 M abn. Restliche 8 M mit doppeltem Faden zuziehen und den Faden vernähen.

Arm (2x stricken)

Mit Rosato in Rosa 16 M (= 4 M je Nd) anschlagen und in Rd glatt rechts str. 2x in jeder 10. Rd 4 M zun (= 6 M je Nd). 10 Rd str, 4x in jeder 2. Rd 4 M abn (= 2 M je Nd). Restliche 8 M mit doppeltem Faden zuziehen, Faden vernähen.

Ohr (2x stricken)

Mit Rosato in Rosa auf einer Nadel 6 M anschlagen und in R kraus rechts str. 4x in jeder 4. R beids je 1 M zun (= 14 M), 50 R str. Je 2 M rechts zusstr (= 7 M), 1 Rückr str, alle M abk. Das zweite Ohr gestreift (2 R Rosa, 2 R Weiß im Wechsel) str.

Schnauze

Mit Dacapo in Weiß auf einer Nd 16 M anschlagen und in R glatt rechts str. Nach 10 R alle M abk.

Schwanz

Mit Dacapo in Weiß auf einer Nd 12 M anschlagen und in R glatt rechts str. Nach 4 R beids je 1 M zun (= 14 M). 14 R str, dann beids je 1 M

GRÖSSE

ca. 25 cm hoch

MATERIAL

- Schachenmayr Rosato in Rosa (Fb 35), 50 g und Weiß (Fb 01), Rest
- Schachenmayr Dacapo in Weiß (Fb 01), Rest
- Anchor Sticktwist in Braun, Schwarz und Rosa
- Nadelspiel Nr. 3
- Silberfaden, ø 1 mm
- Tüll in Weiß, 12 cm breit, 70 cm lang
- flauschiger Stoff in Weiß, 3 cm breit, 34 cm lang
- Gummifaden in Weiß
- Filz in Weiß, 3 cm breit, 10 cm lang
- Glitterspray in Silber
- UHU Alleskleber
- Füllwatte

WEITERFÜHRUNG

Henriette Hoppelhase

abn (= 12 M), 4 R str und restliche M abk.

Fertig stellen

Durch die Übergangsstelle Körper/Kopf einen Faden ziehen und den Kopf damit abbinden. Arme und Beine mit Füllwatte stopfen und die Öffnungen zunähen. Arme, Beine und Ohren an den Körper nähen. In die Ränder des Schwanzes einen Faden einziehen, etwas zusziehen, mit Füllwatte stopfen und annähen. In die Ränder der Schnauze ebenfalls einen Faden ziehen und etwas gewölbt auf das Gesicht nähen. Eventuell während des Nähens noch etwas ausstopfen. Augen im Knötchenstich mit Schwarz und Nase im Plattstich mit Braun aufsticken. Mund im Stielstich in Rosa aufsticken. Mit Silberfaden Schnurrhaare anbringen. Für das Röckchen an der Längsseite den Gummifaden in den zur Hälfte gelegten Tüll einreihen, zusziehen und festknoten. Für die Krone den weißen Filz so einschneiden, dass fünf Zacken entstehen. Die Enden zusklebeben, mit Glitterspray besprühen und unsichtbar annähen. Den Flauschstoff an den Enden einschneiden und als Schal umbinden.

Frosch Knuddel

→ küssen? Aber bitte schön!

Grundmuster

Glatt rechts: Hinr rechts, Rückr links

Rippenmuster

Hinr 1 M rechts, 1 M links im Wechsel, Rückr M str, wie sie erscheinen

Körper

2 x in Olivgrün anfertigen. Dazu 24 M anschlagen und 4 R im Rippenmuster arbeiten, anschließend 40 R glatt rechts gerade hoch arbeiten. Dann 8 x in jeder R beids je 1 M abn und 2 x in jeder 2. R beids je 1 M abn. 2 R glatt rechts str und restliche 4 M abk.

Maul

4 M in Gelb-Grün anschlagen und 2 R glatt rechts str. Dann über 4 R in jeder 2. R beids je 1 M zun, anschließend 8 x in jeder R beids je 1 M zun. 6 R gerade hoch str. Nun 8 x in jeder R beids je 1 M abn und 2 x in jeder 2. R beids je 1 M abn. 2 R glatt rechts str und die restlichen 4 M abk.

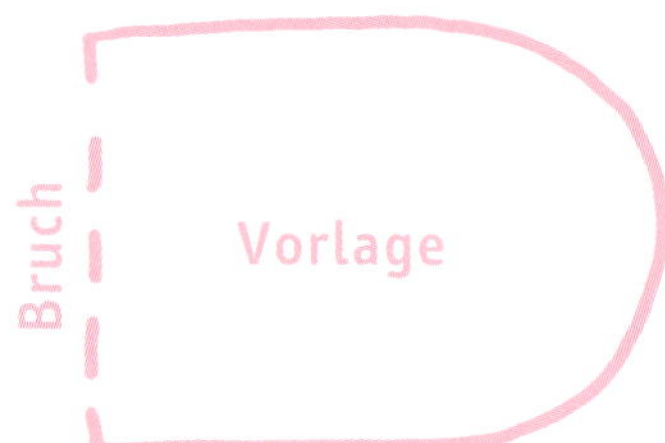

Arme

2 x in Olivgrün anfertigen. 14 M anschlagen und 42 R gerade hoch str. Die Arbeit in 2 x 7 M teilen und beide Teile getrennt wie folgt beenden: 3 x in jeder 2. R beids je 1 M zun. Danach alle M abk.

Fertig stellen

Teile spannen, anfeuchten und trocknen lassen. Maul mittig zusklappen und in die beiden Hälften des Froschkörpers einpassen und annähen. Seitennähte des Körpers schließen. Arme zusnähen, am oberen Rand eine Lücke lassen. Pro Arm vier Häkelnoppen in Gelb-Grün (4-fach durchgezogen) an die Froschhand häkeln. Arme mit Füllwatte ausstopfen und die obere Lücke schließen, indem sie seitlich an den Körper genäht wird. Zwei Pompons in Gelb-Grün anfertigen, an die Puppenoberseite als Augen annähen und Wackelaugen aufkleben. Zunge aus rotem Filz gemäß Vorlage zuschneiden, an der Bruchlinie festnähen und zuskleben. Alle Fäden vernähen.

GRÖSSE
ca. 26 cm hoch (mit Beinen)

MATERIAL
- Schachenmayr Brazilia Color in Olivgrün (Fb 108), 100 g
- Schachenmayr Brazilia in Gelb-Grün (Fb 21), 50 g
- 1 Paar Stricknd Nr. 4,5-5,5
- Häkelnd Nr. 4,5-5,5
- 2 Wackelaugen, ø 2 cm
- Filzrest in Rot
- evtl. Pompon-Set oder 2 Pappscheiben, ø 2 cm
- Füllwatte
- Nähnd
- Nähseide in Rot
- UHU Alleskleber

MASCHENPROBE
Mit Nd Nr. 4,5 im Grundmuster 18 M und 28 R = 10 cm x 10 cm

GRÖSSE
ca. 13 cm hoch

MATERIAL

- Regia 4fädig Ringel Colors in Ringel Atlantik (Fb 5045), Ringel Clown (Fb 5048), Ringel Papagei (Fb 5047), je 50 g
- 1 Paar Strickndl Nr. 2-3
- je 2 ovale Wackelaugen, 8 mm lang
- Pailletten in unterschiedlichen Farben, ø 6 mm
- je 2 Indianerperlen in Gelb, Rot und Hellblau, ø 4,5 mm
- Filzreste in Dunkelblau, Gelb und Rosa
- Chenilledraht in Mittelblau, Gelb und Pink, ø 6 mm
- Nähnd
- UHU Alleskleber

MASCHENPROBE
Mit Nd Nr. 2 im Grundmuster 30 M und 42 R = 10 cm x 10 cm

Grundmuster

Glatt rechts: Hinr rechts, Rückr links

Rippenmuster

Hinr 1 M rechts, 1 M links im Wechsel, Rückr M str, wie sie erscheinen

Anleitung

20 M anschlagen und 5 R im Rippenmuster str. 30 R glatt rechts gerade hoch arbeiten. Für die Abnahme Rdm str, dann 9 x 2 M zustr und Rdm str. Dann 1 R alle M str, wie sie erscheinen. In der folgenden R die M wie folgt str: Rdm, 2 M zusstr, 2 M zusstr, 1 M rechts, 2 M zusstr, 2 M zusstr, Rdm. Die letzten 7 M mit einem Faden zusziehen.

Fertig stellen

Körpernaht schließen, Faden vernähen. Chenilledraht auf 14 cm kürzen und mittig am Kopf befestigen. Fühlerenden biegen, eine Indianerperle einkleben. Augen aufkleben, Nase mit einem 4-fach gewickelten Knötchenstich in Kontrastfarbe aus dem Knäuel sticken. Flügel gemäß Vorlage je 2 x aus Filz zuschneiden, auf der Rückseite mittig festnähen und den zweiten Flügel dagegen kleben. Passende Pailletten aufkleben.

Hinweis: Zum genauen Nacharbeiten bitte an der Abbildung orientieren. Die hier abgebildete Vorlage bitte abpausen.

Vorlage

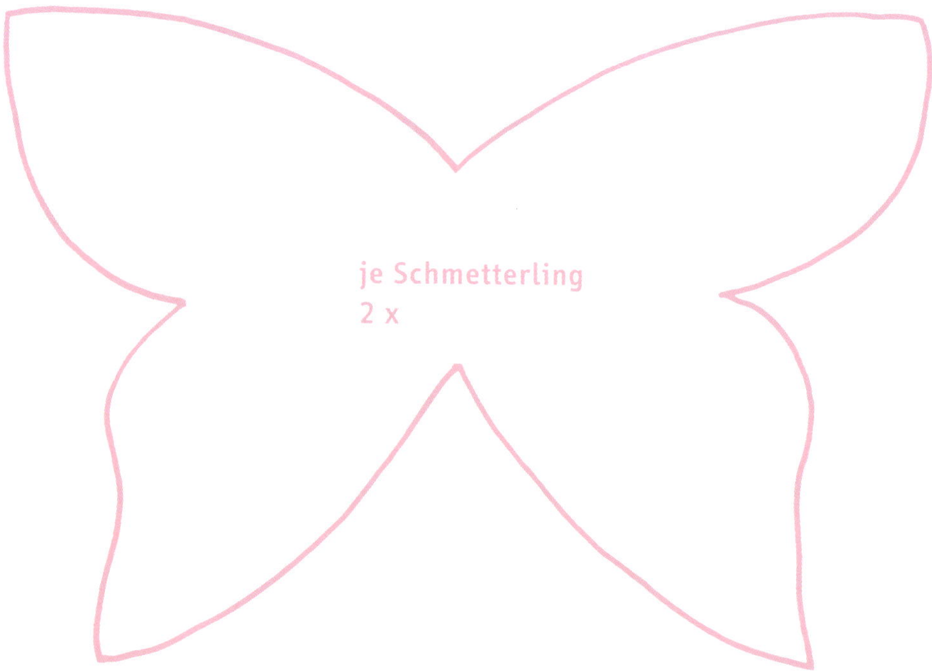

Drei Schmetterlingsfreunde

→ flatterhafte, farbenfrohe Gesellen

Sandro Schlange

→ versprüht kein Gift

GRÖSSE
ca. 130 cm lang

MATERIAL
- Schachenmayr Micro Fino Color in Grün (Fb 83), 50 g
- Schachenmayr Dacapo in Dunkelgrün (Fb 70), 50 g und in Weiß (Fb 01), Rest
- Schachenmayr Brazilia in Hellgrün (Fb 21), 50 g
- Schachenmayr Brazilia Lamé in Silber (Fb 81), 50 g
- Schachenmayr Catania Color in Pink (Fb 30), Rest
- Nadelspiel Nr. 3

Grundmuster

Glatt rechts: Hinr rechts, Rückr links
In Runden nur rechte M str

Streifenfarbfolge: * 4 Rd Micro Fino Color in Grün, 2 Rd Dacapo in Dunkelgrün, 4 Rd Micro Fino Color in Grün, 2 Rd Brazilia in Hellgrün, 4 Rd Micro Fino Color in Grün, 2 Rd Dacapo in Dunkelgrün, 4 Rd Micro Fino Color in Grün, 1 Rd Brazilia Lamé in Silber, ab * stets wiederholen

Körper

Mit Micro Fino Color 8 M (= 2 M je Nd) anschlagen und in Rd glatt rechts str. In der 2. Rd 4 M zun (= 3 M je Nd), 10 Rd str. Weiter in der Streifenfarbfolge str und dabei 9x in jeder 10. Rd 4 M zun (= 12 M je Nd). Die Schlange während des Strickens mit Füllwatte stopfen. Nach ca. 120 cm endet der Körper. Für den Kopf wie folgt str.

Kopf

Den Kopf in Micro Fino Color str. Die M der 1. und 2. Nd auf eine Nd nehmen, die M der 3. und 4. Nd stilllegen. Nun mit den 24 M der 1. und 2. Nd in R glatt rechts weiterstr. 8 R str. 6x in jeder 4. R beidseitig 1 M abn. Restliche 12 M abketten. Mit den M der 3. und 4. Nd ebenso verfahren wie mit den M der 1. und 2. Nd. Nun einen rautenförmigen Einsatz für das Maul str. Mit Dacapo auf einer Nd 10 M anschlagen und in R glatt rechts str. 6x beidseitig in jeder 4. R je 1 M zun und 12 R str, 6x beids in jeder 4. R je 1 M abn. Restliche 10 M abk.

Auge (2x stricken)

Mit Micro Fino Color 8 M (= 2 M je Nd) anschlagen und in Rd glatt rechts str. 4x in jeder 2. Rd 4 M zun (= 6 M je Nd). 2 Rd in Brazilia str. Das Auge während des Strickens mit Füllwatte ausstopfen. Mit Dacapo in Weiß weiterstr, 4x in jeder 2. Rd 4 M abn. Restliche 8 M mit doppeltem Faden zusziehen, Faden vernähen.

Fertig stellen

Die Schlange vollends mit Füllwatte ausstopfen, den Einsatz für das Maul einnähen. Die Augen und die Knöpfe annähen. Die Zunge aus Lm mit doppeltem Faden und Häkelnadel Nr. 3,5 in Pink ca. 8 cm lang häkeln. Danach den Faden teilen, die Enden getrennt noch 2 cm weiterhäkeln. Beim Annähen der Zunge den Spickel im Maul nach innen ziehen und vernähen.

GRÖSSE
46 cm - 48 cm

MATERIAL
- Schachenmayr Rosato in Rosa (Fb 35), 100 g
- Schachenmayr Rosato in Weiß (Fb 01), Gelb (Fb 22), Orange (Fb 37) und Pink (Fb 36), Reste
- Schachenmayr Brazilia Lamé in Weiß (Fb 80), Rest
- 1 Paar Stricknd Nr. 4
- Nadelspiel Nr. 3,5
- Häkelnd Nr. 3
- Pailletten in Pink, ø 8 mm
- Rocailles, transparent, in Weiß, ø 2,6 mm
- herzförmiger Knopf in Rosa, ø 1,2 cm

MASCHEN-PROBE
Mit Nd Nr. 4 im Grundmuster 20 M und 30 R = 10 cm x 10 cm

Traumpulli mit Mütze

→ wenn ein Stern vom Himmel fällt ...

Grundmuster

Glatt rechts: Hinr rechts, Rückr links
In Rd glatt rechts: Alle M rechts str

Kraus rechts

Hinr rechts, Rückr rechts

Streifenfarbfolge: 4 Rd Rosa, 2 Rd Weiß, 2 Rd Gelb, 4 Rd Weiß, 2 Rd Rosa, 1 Rd Pink, 4 Rd Weiß, 2 Rd Rosa, 3 Rd Orange, restliche Rd Weiß

Anleitung

Rückenteil: 62 M mit Nd 4 in Brazilia Lamé anschlagen und 3 R kraus rechts str. Im Grundmuster in Rosa weiterstr. Beids 3x in jeder 10. R je 1 M abn (= 56 M). Nach 32 R im Grundmuster für die hintere Verschlussöffnung die Arbeit in der Mitte teilen und beide Teile separat beenden. Gleichzeitig für die Armausschnitte beids in jeder 2. R 2x 2 und 5x 1 M abnehmen. Nach einer Gesamthöhe von 56 R im Grundmuster die jeweils restlichen 19 M abk.

Vorderteil: Gleich wie das Rückenteil str, jedoch keine Verschlussöffnung str. Für den vorderen Halsausschnitt bei einer Gesamthöhe von 46 R im Grundmuster die mittleren 6 M abk und beids in jeder 2. R 1x 3, 1x 2 und 3x je 1 M abk. Die jeweils restlichen 8 M abk.

Ärmel: 30 M mit Nd 4 in Brazilia Lamé anschlagen und 3 R kraus rechts str. Im Grundmuster in Rosa weiterstr. Nach 24 R im Grundmuster für die Armkugel beids in jeder 2. R 2x 2, 4x 1 und 2x 2 M abk. Zum Schluss die mittleren 6 M abk.

Mütze: 72 M in Brazilia Lamé (18 M je Nd) anschlagen. **1. Rd:** linke M str, **2. Rd:** rechte M str, **3. Rd:** linke M str. In Rd nach der Streifenfarbfolge glatt rechts mit Rosato weiterstr. Nach 14 Rd glatt rechts 3x in jeder 2. Rd gleichmäßig verteilt 6 M abn (2 M rechts zusstr). 8x in jeder Rd 6 M abn. Mit den restlichen 6 M 5 Rd str. Alle M abk.

Fertig stellen: Teile aufspannen, mit feuchten Tüchern belegen, trocknen lassen und zusnähen. Halsausschnitt in Brazilia Lamé mit Krebsmaschen umhäkeln. Weitere 8 Lm anhäkeln, diese bilden die Schlinge für den Knopf. Zehn Noppen aus Brazilia Lamé häkeln. Herz im Kettenstich und Stielstich aufsticken. Inneres Herz mit Pailletten und Perlen besticken. Häkelnoppen rund um das Herz annähen. Knopf annähen.

Pullover mit Mütze

→ auch für Jungs einfach cool!

GRÖSSE
42 cm - 44 cm

MATERIAL
- Schachenmayr Jazz in Hellgrün (Fb 75), 50 g
- Schachenmayr Jazz in Türkis (Fb 65), Helltürkis (Fb 66) und Weiß (Fb 01), Reste
- 1 Paar Stricknd Nr. 3
- Nadelspiel Nr. 3
- Häkelnd Nr. 2,5
- Knopf in Weiß, ø 1,5 cm

MASCHENPROBE
Mit Nd Nr. 3 im Grundmuster 22 M und 32 R = 10 cm x 10 cm

Grundmuster

Glatt rechts: Hinr rechts, Rückr links

Bündchenmuster

2 M rechts, 2 M links im Wechsel

Streifenfarbfolge 1:
4 R Türkis, 4 R Helltürkis im Wechsel

Streifenfarbfolge 2:
2 R Helltürkis, 2 R Hellgrün im Wechsel

Streifenfarbfolge 3:
2 R Hellgrün, 2 R Türkis im Wechsel

Streifenfarbfolge 4:
6 R Hellgrün, 4 R Türkis, 2 R Hellgrün, 7 R Helltürkis, 2 R Weiß, 2 R Helltürkis, 2 R Weiß, 4 R Türkis, 2 R Hellgrün, 4 R Helltürkis, 2 R Hellgrün, 2 R Helltürkis, 4 R Türkis, 8 R Hellgrün

Anleitung

Rückenteil: 56 M in Hellgrün anschlagen und 3 R im Bündchenmuster str, dann im Grundmuster weiterstr. Nach 26 R Grundmuster beids für die Armausschnitte in jeder 2. R 1x 3, 2x 2 und 2x 1 M abn (= 38 M). Nun für die hintere Verschlussöffnung die Arbeit in der Mitte teilen und beide Teile separat beenden. Nach 48 R ab Bündchen alle M abk.

Vorderteil: Das Vorderteil zunächst wie das Rückenteil str, jedoch keine Verschlussöffnung str. Nach 36 R im Grundmuster für den Halsausschnitt die mittleren 6 M abk und beids in jeder 2. R 1x 3, 1x 2 und 3x 1 M abk. Restliche M abk.

Ärmel: 30 M in Helltürkis bzw. Türkis anschlagen und 3 R im Bündchenmuster str, dann im Grundmuster weiterstr. Nach 26 R im Grundmuster für die Armkugel beids in jeder 2. R 2x 2, 4x 1, 2x 2 und am Ende die mittleren 6 M abn.

Taschen

Vorderteil: 20 M in Türkis anschlagen und nach Streifenfarbfolge 1 im Grundmuster 24 R str. Alle M abk.

Taschenklappe: 22 M in Helltürkis anschlagen und 8 R im Bündchenmuster str. Alle M abk.

Tasche (Ärmel Türkis): 14 M in Helltürkis anschlagen und nach Streifenfarbfolge 2 im Grundmuster 16 R str. Alle M abk.

Tasche (Ärmel Helltürkis): 14 M in Hellgrün anschlagen und nach Streifenfarbfolge 3 im Grundmuster 16 R str. Alle M abk.

Mütze: 12 M in Hellgrün (3 M je Nd) anschlagen und im Grundmuster nach Streifenfarbfolge 4 str, dabei 9x in jeder 2. Rd 6 M gleichmäßig verteilt zun (= 66 M). Weitere 18 Rd str. 6 M stilllegen, mit folgenden 13 M eine Ohrenklappe wie folgt str: beids in jeder 2. R 5x 1 M abn (am Anfang rechts überzogen am Ende rechts zusstr). Die letzten 3 M rechts überzogen abn, d. h., 1 M abheben 2 M rechts zusstr, abgehobene M überziehen. Nun 28 M stilllegen und mit den folgenden 13 M die zweite Ohrenklappe str, 6 M stilllegen. Nun aus den Ohrenklappen 25 M auffassen, die stillgelegten M wieder auf das Nadelspiel nehmen und in Rd im Bündchenmuster 5 Rd str, dabei an den Spitzen der Ohrenklappen beids der mittleren M je 1 M zun. Alle M abk.

Fertig stellen: Teile aufspannen, mit feuchten Tüchern belegen, trocknen lassen. Die Täschchen auf die Ärmel nähen. Die große Tasche mit der Klappe auf das Vorderteil nähen, an die Ecken jeweils eine fingergehäkelte Kordel (5 cm) nähen. Alle Teile zusnähen. Mit dem Nadelspiel um den Halsausschnitt ca. 50 M auffassen und 4 R im Bündchenmuster str. Alle M abk. Einen ca. 30 cm langen Faden hängen lassen und aus diesem 10 Lm häkeln, daraus eine Schlinge legen und annähen (Knopfloch). Knopf annähen. Mütze spannen, mit einem feuchten Tuch belegen und trocknen lassen. Fäden vernähen. Sechs fingergehäkelte Kordeln in diversen Farben (ca. 5 cm lang) häkeln. Vier Kordeln in diversen Farben (ca. 8 cm lang) häkeln. Alle Kordeln annähen.

Tipp: Fingerhäkeln finden Sie bei den Allgemeinen Erklärungen!

Puppenschuhe

→ zeigt her eure Füße, zeigt her eure Schuh ...

GRÖSSE
Fuß 6 cm
bzw. 7 cm

MATERIAL
- Schachenmayr Regia 4fädig, Reste
- 1 Paar Stricknd Nr. 2,5
- Häkelnd Nr. 2

MASCHENPROBE
Mit Nd Nr. 2,5 im Grundmuster 30 M und 64 R = 10 cm x 10 cm

Hinweis: re = rechts

Grundmuster

Kraus rechts: Hinr rechte M, Rückr rechte M

Schuhe (Fußgröße 7 cm)

38 M anschlagen. 1. Rückr re M str. Nun im Grundmuster wie folgt weiterstr: 2 M str 1 M zun 15 M str 1 M zun 4 M str 1 M zun 15 M str 1 M zun 2 M str. Diese Zunahmen in jeder 2. R noch weitere 4x wdh, d. h., jeweils vor und nach den 15 M 1 M zun (= 58 M). Hier endet die Sohle. Danach 8 R str. Nun wie folgt abn: 19 M re, 2 M re zusstr, 2 M re, 2 M re zusstr, 2 M re, 2 M re zusstr, 1 M re überzogen abn, 2 M re, 1 M re überzogen, 2 M re, 1 M re überzogen abn, 19 M re. 1 Rückr str. Hinr wie folgt: 20 M re, 2 M re zusstr, 1 M re, 2 M re zusstr, 2 M re, 1 M re überzogen abn, 1 M re, 1 M re überzogen, 20 M re. 1 Rückr str. In folgender Hinr 20 M re, 2 M re zusstr, 2 M re zusstr, 1 M re überzogen abn, 1 M re überzogen abn, 20 M re str. 2 R str. In folgender Hinr 14 M re, 6 M abn, 4 M re, 6 M abn, 14 M re. In der Rückr 14 M re, dann mit einem neuen Faden über die 4 M des Mittelstegs 6 R kraus re str, nun nach den ersten 14 M 4 M neu anschlagen, die 4 M des Mittelstegs str, 4 M neu anschlagen, 14 M re. 4 R kraus re. Alle M abk.

Schuhe (Fußgröße 6 cm)

25 M anschlagen. 1. Rückr re M str. Nun im Grundmuster wie folgt weiterstr: 1 M str 1 M zun 10 M str 1 M zun 3 M str 1 M zun 10 M str 1 M zun 1 M str. Diese Zunahmen in jeder 2. R noch weitere 4x wdh, d. h., jeweils vor und nach den 10 M 1 M zun (= 45 M). Hier endet die Sohle. Danach 8 R str. Nun wie folgt abn: 14 M re, 2 M re zusstr, 1 M re, 2 M re zusstr, 1 M re, 2 M re zusstr, 1 M re, 1 M re überzogen abn, 1 M re, 1 M re überzogen, 1 M re, 1 M re überzogen abn, 14 M re. 1 Rückr str. Hinr wie folgt: 14 M re, 2 M re zusstr, 1 M re, 2 M re zusstr, 1 M re, 1 M re überzogen abn, 1 M re, 1 M re überzogen, 14 M re. 1 Rückr str. In folgender Hinr 14 M re, 2 M re zusstr, 2 M re zusstr, 2 M re überzogen abn, 1 M re überzogen abn. 10 R str, alle M abn.

Ballerinas (Fußgröße 7 cm)

38 M anschlagen. 1. Rückr re M str. Nun im Grundmuster wie folgt weiterstr: 2 M str 1 M zun 15 M str 1 M zun 4 M str 1 M zun 15 M str 1 M zun 2 M str. Diese Zunahmen in jeder 2. R noch weitere 4x wdh, d. h., jeweils vor und nach den 15 M 1 M zun (= 58 M).
Hier endet die Sohle. Danach 8 R str. Nun wie folgt abn: 19 M re, 2 M re zusstr, 2 M re, 2 M re zusstr, 2 M re, 2 M re zusstr, 1 M re überzogen abn, 2 M re, 1 M re überzogen, 2 M re, 1 M re überzogen abn, 19 M re. 1 Rückr str. Hinr wie folgt: 20 M re, 2 M re zusstr, 1 M re, 2 M re zusstr, 2 M re, 1 M re überzogen abn, 1 M re, 1 M re überzogen, 20 M re. 1 Rückr str. In folgender Hinr 20 M re, 2 M re zusstr, 2 M re zusstr, 1 M re überzogen abn, 1 M re überzogen abn, 20 M re str. 2 R str. Alle M abn.

Ballerinas (Fußgröße 6 cm)

25 M anschlagen. 1. Rückr re M str. Nun im Grundmuster wie folgt weiterstr: 1 M str 1 M zun 10 M str 1 M zun 3 M str 1 M zun 10 M str 1 M zun 1 M str. Diese Zunahmen in jeder 2. R noch weitere 4x wdh, d. h., jeweils vor und nach den 10 M 1 M zun (= 45 M). Hier endet die Sohle. Danach 8 R str. Nun wie folgt abn: 14 M re, 2 M re zusstr, 1 M re, 2 M re zusstr, 1 M re, 2 M re zusstr, 1 M re, 1 M re überzogen abn, 1 M re, 1 M re überzogen, 1 M re, 1 M re überzogen abn, 14 M re. 1 Rückr str. Hinr wie folgt: 14 M re, 2 M re zusstr, 1 M re, 2 M re zusstr, 1 M re, 1 M re überzogen abn, 1 M re, 1 M re überzogen, 14 M re. 1 Rückr str. In folgender Hinr 14 M re, 2 M re zusstr, 2 M re zusstr, 2 M re überzogen abn, 1 M re überzogen abn. 2 R str, alle M abn.

Tipp: Möchten Sie Ballerinas mit einen Steg stricken, so schlagen Sie 6 Lm an und häkeln 1 R fM. Danach nähen Sie den Steg einfach ein.

Fertig stellen: Schuhe von der Sohle bis zum Schaft zusnähen. Die Sohle mit fM umhäkeln. Schuhe eventuell mit Perlen, Pailletten, Kordeln, Knöpfen oder Häkelblumen verzieren.

Blumiges Streifenkleidchen

→ im Flower-Power-Stil

GRÖSSE
74/80
(6-11 Monate)
bzw. 86/92
(11 Monate
-2 Jahre)

MATERIAL
- Schachenmayr Catania in Türkis (Fb 165), Natur (Fb 105) und Royalblau (Fb 201), je 50 g
- 1 Paar Stricknd Nr. 3
- Rundstrickncd Nr. 2,5
- Blumenknopf, ø 3 cm

MASCHEN-PROBE
Mit Nd Nr. 3 im Grundmuster 25 M und 36 R = 10 cm x 10 cm

(Die Maschenzahl für die größere Größe steht hinter dem Schrägstrich)

Grundmuster (Nd 3)

Glatt rechts: Hinr rechts, Rückr links

Kraus rechts (Nd 3)

Hinr rechts, Rückr rechts

Streifenfarbfolge: *6 R Natur, 6 R Türkis, 6 R Natur, 2 R kraus rechts Royalblau, 6 R Türkis, 6 R Natur, 6 R Türkis, 2 R rechts Royalblau. Ab* stets wdh.

Bündchenmuster (Nd 2,5)

Kraus rechts: Hinr rechts, Rückr rechts

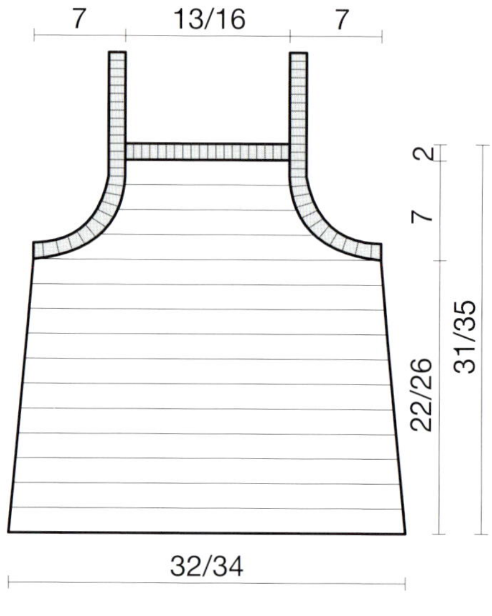

Anleitung

Rückenteil: 78/86 M mit Nd 3 in Royalblau anschlagen und 3 R kraus rechts str. Weiter in Natur im Grundmuster und in der angegebenen Streifenfarbfolge str. Gleichzeitig für die seitliche Schräge beids in jeder 16. R 5x 1 M abk (= 68/76 M). Bei Gesamtlänge von 22/26 cm für die Armausschnitte beids in jeder 2. R 1x 3, 1x 2 und 13x 1 M abk. Weiter bei Gesamtlänge von 29/33 cm (letzter Streifen Natur) folgen mit Nd 2,5 noch 8 R in Royalblau im Bündchenmuster. Alle 32/40 M locker abk.

Vorderteil: Genau gleich wie Rückenteil arbeiten.

Fertig stellen: Teile aufspannen, mit feuchtem Tuch belegen, trocknen lassen und die Seitennähte schließen. Mit Strickncd Nr. 2,5 in Royalblau zwei Bänder str. Zuerst 72/78 M anschlagen, dann direkt an der Armausschnittkante 58 M dazu auff und weitere 72/78 M neu dazu anschlagen (= 202/214 M auf der Nadel) und im Bündchenmuster 8 R str. Alle M sauber abk. Zum Schluss noch einen passenden Knopf auf das Vorderteil nähen.

Tipp: Für andere Größen siehe Strickrechner auf Seite 65.

Pfiffiger Pullover und Hose

→ so richtig zum Wohlfühlen

GRÖSSE
68/74
(3-9 Monate)

MATERIAL PULLOVER

- Schachenmayr Catania in Mandarine (Fb 209), 100g
- Schachenmayr Catania in Dunkelblau (Fb 202), Weiß (Fb 106) und Moos (Fb 212), je 50 g
- 1 Paar Stricknd Nr. 3 und 3,5
- Nadelspiel Nr. 3
- 3 Knöpfe, 2 cm lang

MASCHEN-PROBE
Mit Nd Nr. 3,5 im Grundmuster 28 M und 38 R = 10 cm x 10 cm

Pullover

Grundmuster (Nd 3,5)

Glatt rechts: Hinr rechts, Rückr links

Kraus rechts (Nd 3,5)

Hinr rechts, Rückr rechts

Streifenfarbfolge: *4 R Moos, 2 R Weiß, 2 R kraus Dunkelblau, 2 R Weiß, 2 R kraus Dunkelblau, 4 R Mandarine, 2 R kraus Dunkelblau, 2 R Weiß, 4 R Mandarine, 2 R Weiß, 2 R kraus Dunkelblau, 2 R Weiß, 2 R kraus Dunkelblau. Ab* stets wdh.

Bündchenmuster (Nd 3)

1 M rechts, 1 M links im Wechsel

Anleitung

Rückenteil: 72 M in Mandarine mit Nd 3 anschlagen und 4 R das Bündchen str. Weiter mit Nd 3,5 im Grundmuster und der angegebenen Streifenfarbfolge str. Bei Gesamtlänge von 14 cm für die Armausschnitte beids in jeder 2. R je 6 M abk (= 60 M). Bei Gesamtlänge von 27 cm die ersten 44 M für die rechte Schulter abk. Über die restlichen 16 M in Orange noch 2 cm im Bündchenmuster für den Verschlussübertritt str. Dann alle M locker abk.

Vorderteil: Gleich wie Rücken str, jedoch für den vorderen Halsausschnitt bei Gesamtlänge von 24 cm die mittleren 20 M abk und beids in jeder 2. R noch 2x 2 M abk. Bei Gesamtlänge von 27 cm die restlichen 16 M abk und die

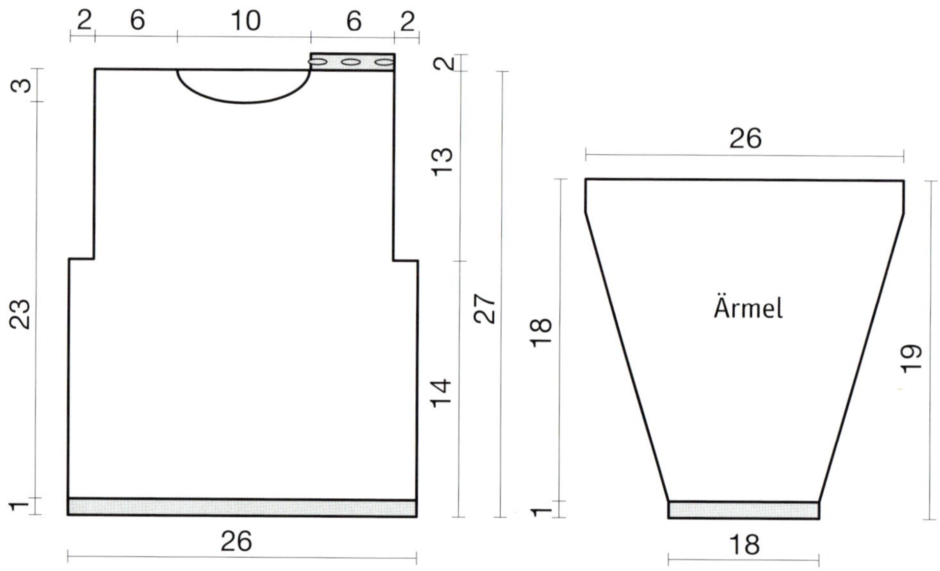

WEITERFÜHRUNG

Pfiffiger Pullover und Hose

im Tragen linken Seite gegengleich beenden, jedoch in die Verschlussblende verteilt zwei Knopflöcher arbeiten (= 1 M abk und sogleich wieder anschlagen). Die M locker abk.

Ärmel: 52 M mit Nd 3 in Mandarine anschlagen und 4 R das Bündchen str. Weiter mit Nd 3,5 im Grundmuster und der angegebenen Streifenfarbfolge str. Gleichzeitig für die Ärmelschräge beids in jeder 6. R 10x 1 M zun (= 72 M). Bei Gesamtlänge von 19 cm alle M locker abk.

Fertig stellen: Teile aufspannen, mit feuchten Tüchern belegen, trocknen lassen und zusnähen. Mit dem Nadelspiel um den Halsausschnitt ca. 68 M in Mandarine auff und 5-6 Rd im Bündchenmuster str. Gleichzeitig bereits nach 1 cm das dritte Knopfloch am rechten Halsrand arbeiten. M locker abk, Schulterblenden übereinander legen und am äußeren Rand befestigen. Knöpfe annähen.

Hose

Grundmuster (Nd 3,5)

Glatt rechts: Hinr rechts, Rückr links

Bündchenmuster (Nd 3)

1 M rechts, 1 M links im Wechsel

Anleitung

Vorderteil: Für das rechte Beinchen 29 M mit Nd 3 in Mandarine anschlagen und 4 R im Bündchenmuster str. Weiter mit Nd 3,5 die Fb wie folgt einteilen: 8 R glatt Moos, 2 R glatt Weiß, 2 R rechts kraus Dunkelblau, 2 R glatt Weiß, 2 R glatt Dunkelblau, 4 R glatt Mandarine, 2 R glatt Dunkelblau und 2 R glatt Weiß. Gleichzeitig für die innere Beinschräge in jeder 10. R 2x 1 M zun und gleichzeitig für die äußere Beinschräge in jeder 14. R 3x 1 M zun (= 35 M). Bei Gesamtlänge von 9 cm alle 35 M stilllegen. Linkes Beinchen gegengleich str, jedoch nach dem Bündchen alles in Moos. Nun beide Teile auf eine Nd zusfügen und dabei die beiden mittleren Rdm rechts zusstr. In Moos weiter str und nicht vergessen, die restlichen Aufnahmen an den Außenkanten weiterzuführen (= 70 M). Bei 16 cm Höhe ab Zusammenschluss der beiden Beinchen folgen noch 4 cm bis 5 cm im Bündchenmuster. Nun alle M locker abk.

Rückenteil: Nochmals das gleiche str, jedoch die Farbstreifen gegengleich einteilen.

Fertig stellen: Teile spannen, mit feuchtem Tuch belegen, trocknen lassen und zusnähen. Das Bündchen zur Hälfte nach innen schlagen und auf der Innenseite locker annähen, eine kleine Öffnung belassen und das Elastikband mithilfe einer Sicherheitsnadel einziehen.

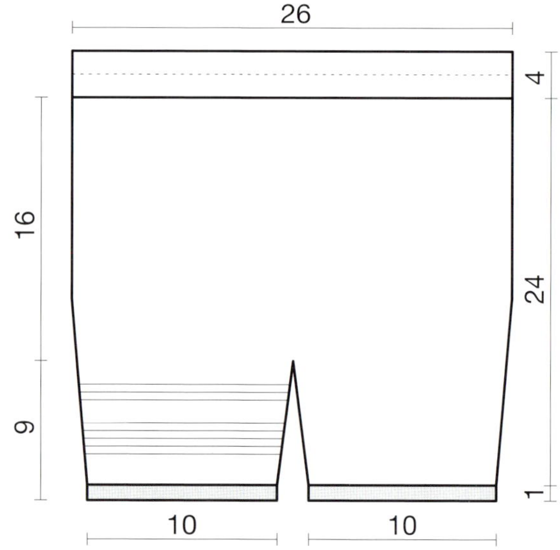

GRÖSSE
68/74
(3-9 Monate)

MATERIAL HOSE

- Schachenmayr Catania in Moos (Fb 212), 200 g
- Schachenmayr Catania in Mandarine (Fb 209), Weiß (Fb 106) und Dunkelblau (Fb 202), Reste
- Nadelspiel Nr. 3 und 3,5
- Elastikband in Taillenweite, 1,5 cm breit

MASCHENPROBE
Mit Nd Nr. 3,5 im Grundmuster 28 M und 38 R = 10 cm x 10 cm

Tipp: Das Elastikband lässt sich am einfachsten mithilfe einer Sicherheitsnadel einziehen. Befestigen Sie die Sicherheitsnadel am Anfang des Elastikbandes, ziehen Sie dieses dann zusammen mit der Nadel in die Öffnung. Achten Sie darauf, dass das Elastikband sich nicht verdreht. Die beiden Enden des Elastikbandes zusammennähen.

WOHNRAUMDEKO

Verschenken Sie selbst gestrickte Topflappen in frischen Farben. Witzige, gestrickte Eierwärmer sind Geschenke, die man nicht jeden Tag bekommt und ein kuscheliges Kissen kann jeder brauchen.

Kuschelset in Natur

→ extra schmuseweich

Nackenrolle

Grundmuster

Glatt rechts: In Rd nur rechte M str

Streifenfolge

* 4 Rd in Nordica = 1. Rd rechte M, 2.-4. Rd: linke M, 6 Rd Boston rechte M, ab * diese 10 Rd stets wdh

Anleitung

26 M in Boston anschlagen (1.+3. Nd je 6 M, 2.+4. Nd je 7 M) und 1 Rd rechte M stricken. In der folgenden Rd die M verdoppeln, d.h., nach jeder M 1 U arbeiten (Loch-Rd für Kordel) = 52 M (je Nd 13 M). Nach 11 Rd ab Anschlag mit der Streifenfolge beginnen: 6 x die Streifenfolge = 60 Rd und 1 x die 1.-4. Rd str = 64 Rd, dann in Boston das Teil wie folgt beenden: Nach 9 Rd 1 Loch-Rd arbeiten: 2 M rechts zusstr, 1 U. Noch 1 Rd str, in der folgenden Rd beim Abketten stets 2 M rechts zusstr.

Achtung: Vor dem Abketten die Nackenrolle einschieben.

Fertigstellung

Zum Zusbinden zwei ca. 30 cm lange Strickkordeln über 4 M aus Nordica arbeiten. Die Kordeln durch die Loch-Rd fädeln und zusknoten.

Kissen

Grundmuster

Glatt rechts: Hinr rechts, Rückr links
Glatt links: Hinr links, Rückr rechts

Anleitung

42 M in Boston mit Nd Nr. 7 anschlagen und ca. 56 cm glatt rechts str, dann in Nordica mit Nd Nr. 6 glatt links weiterarbeiten, in der 1. Hinr jedoch rechte M str. Nach ca. 12 cm Nordica in einer Rückr drei Knopflöcher arbeiten: Nach der Rdm 6 M str, * 2 M rechts zusstr, 1 U, 2 M rechts überzogen zusstr, 8 M rechts, ab * 1 x wdh, enden mit 2 M rechts zusstr, 1 U, 2 M rechts überzogen zusstr, 6 M rechts, Rdm. In der folgenden R aus den Umschlägen je 2 M herausstr (= 1 x rechts, 1 x links). Nach ca. 70 cm Gesamtlänge die M abk. Den Streifen auf Kissengröße (ca. 33 cm) zusklappen: oberes Drittel Nordica und ca. 3 cm bis 4 cm Untertritt zum Annähen der Knöpfe. Die Seitennähte schließen. Die Knöpfe annähen.

Tipp: Wenn das Strickbild ungleichmäßig wird, für die links gestrickten Reihen eine halbe bis eine ganze Nadelstärke kleiner nehmen.

GRÖSSE

Nackenrolle
ca. 44 cm Umfang, 48 cm lang

Kissen
ca. 33 cm x 33 cm

MATERIAL NACKENROLLE

- Schachenmayr Boston in Natur (Fb 02), 100 g
- Schachenmayr Nordica in Natur (Fb 02), 50 g
- Nadelspiel Nr. 7
- Nackenrolle, ø 13 cm, 48 cm lang

KISSEN

- Schachenmayr Boston in Natur (Fb 02), 150 g
- Schachenmayr Nordica in Natur (Fb 02), 50 g
- je 1 Paar Stricknd Nr. 6 und 7
- 3 Holzknöpfe in Natur, 5,7 cm lang
- Kissenfüllung, 30 cm x 30 cm

MASCHENPROBE

Mit Nd Nr. 6 + 7 im Grundmuster 12 M und 18 R = 10 cm x 10 cm

Gestricktes für die Küche

→ Farbenfrohes für jeden Tag

GRÖSSE
ca. 45 cm x 30 cm

MATERIAL
- 1 Paar Stricknd Nr. 4-5

ROTES SET
- Schachenmayr Punto bouclé in Flamingo (Fb 187), 100 g
- Schachenmayr Aurora in Orchidee (Fb 33), Jeans (Fb 52) und Sonne (Fb 22), je 50 g

BLAUES SET
- Schachenmayr Punto bouclé in Adria (Fb 186), 100 g
- Schachenmayr Aurora in Pool (Fb 67), Kürbis (Fb 26) und Pistazie (Fb 73), je 50 g

MASCHEN-PROBE
Mit Nd Nr. 4-5 im Grundmuster 18 M und 36 R = 10 cm x 10 cm

Tischsets

Hinweis: Alle Kanten mit Knötchenrand arbeiten.

Grundmuster

Kraus rechts: Hinr rechts, Rückr rechts

Knötchenrand

Diese Kante eignet sich perfekt für Strickteile, deren Kanten nicht mehr bearbeitet werden. Hierfür am Anfang und am Ende die Randmasche stets rechts oder stets links abstricken. Am besten für Strickteile geeignet, die in Kraus rechts und im Perlmuster gestrickt sind.

Rotes Set

Anleitung

54 M in Aurora orchidee anschlagen und im Grundmuster wie folgt arbeiten: 20 R (= 10 Rippen) Orchidee, 12 R (= 6 Rippen) Jeans, 8 R (= 4 Rippen) Sonne, dann in Punto bloucIé Flamingo weiterarbeiten. Nach ca. 45 cm die M abk.

Blaues Set

Anleitung

82 M in Aurora Pool anschlagen und im Grundmuster wie folgt arbeiten: 16 R (= 8 Rippen) Pool, 10 R (= 5 Rippen) Kürbis, 6 R (= 3 Rippen) Pistazie, dann in Punto bloucIé Adria weiterarbeiten. Nach ca. 30 cm die M abk.

Tipp: Die Qualität Punto bouclé verhält sich beim Stricken anders als die Qualität Aurora. Deshalb die Punto bouclé mit einer halben bis ganzen Nadelstärke kleiner verstricken.

Eierwärmer

Grundmuster

Kraus rechts: Hinr rechts, Rückr rechts

Streifenfarbfolge I:
je 4 R (= 2 Rippen) Kürbis, Pistazie, Jeans und Pool

Streifenfarbfolge II:
je 4 R (= 2 Rippen) Pool, Orchidee, Kürbis und Sonne

Anleitung

15 M in der gewünschten Farbe anschlagen und im Grundmuster nach der Streifenfarbfolge ca. 18 cm (64 R = 4 x den Streifenrapport) str.
Achtung: Beim Farbwechsel die Endfäden ca. 8 cm lang lassen und diese farblich passend verknoten, so müssen keine Fäden vernäht werden. Die Seitennaht schließen. An der oberen Kante den Eierwärmer tütenförmig zusannähen (siehe Abbildung).
In die Mitte einen Aufhänger arbeiten: In der Wunschfarbe 12 Lm häkeln, diese mit Km behäkeln und annähen.

Hinweis: **Alle Kanten mit Knötchenrand arbeiten (siehe Seite 44).**

GRÖSSE
ca. 18 cm Umfang, 8 cm hoch

MATERIAL
- Schachenmayr Aurora in Orchidee (Fb 33), Jeans (Fb 52), Sonne (Fb 22), Pool (Fb 67), Kürbis (Fb 26), Pistazie (Fb 73), Reste (z. B. von den Tischsets)
- 1 Paar Strickndl Nr. 4,5-5
- Häkelnd Nr. 4,5-5

MASCHENPROBE
Mit Nd Nr. 4,5-5 im Grundmuster 18 M und 36 R = 10 cm x 10 cm

Glashüllen

Hinweis: Alle Kanten mit Knötchenrand arbeiten (siehe Seite 44).

Grundmuster

Kraus rechts: Hinr rechts, Rückr rechts

Streifenfarbfolge I:
je 20 R (= 10 Rippen) Kürbis, Pistazie, Jeans und Pool

Streifenfarbfolge II:
je 20 R (= 10 Rippen) Pool, Orchidee, Kürbis, Sonne

Anleitung

20 M in der gewünschten Farbe anschlagen und im Grundmuster nach der Streifenfarbfolge ca. 22 cm (80 R = 1 x den Streifenrapport) str. Die Seitennaht schließen. Die untere Kante mit einem Faden leicht einhalten, damit die Hülle sich ca. 1 cm bis 2 cm um den Glasrand legt.

Tipp: Die Glashüllen sollten enger als das Glas sein, damit sie fest am Glas anliegen.

GRÖSSE
ca. 24 cm Umfang, 11 cm hoch

MASCHENPROBE
Mit Nd Nr. 4,5-5 im Grundmuster 18 M und 36 R = 10 cm x 10 cm

MATERIAL
- Schachenmayr Aurora in Orchidee (Fb 33), Jeans (Fb 52), Sonne (Fb 22), Pool (Fb 67), Kürbis (Fb 26), Pistazie (Fb 73), Reste (z. B. von den Tischsets)
- 1 Paar Stricknd Nr. 4,5-5
- 2 Gläser, ø ca. 6 cm (unten), 16 cm hoch

Topflappen mit Strukturmuster

→ nie mehr verbrannte Finger

GRÖSSE
ca. 22 cm x
22 cm

MATERIAL
- Coats Lyric 8/8 in Orange (Fb 537), Gelb (Fb 524), Pink (Fb 525) und Flieder (Fb 527), je 100 g
- 1 Paar Stricknd Nr. 5-6
- Häkelnd Nr. 5-6

MASCHEN-PROBE
Mit Nd Nr. 5-6 im Grundmuster 14 M und 22 R = 10 cm x 10 cm

Hinweis: **Das Material wird doppelfädig verstrickt und alle Kanten mit Knötchenrand gearbeitet (siehe Seite 44).**

Perlmuster
(Topflappen in Gelb und Flieder)

Gerade M-Zahl
1.R: 1 M rechts, 1 M links im Wechsel str. In der Rückr die M str, wie sie erscheinen.
3.R: 1 M links, 1 M rechts im Wechsel str. In der Rückr die M str, wie sie erscheinen.
Die 1.-4. R stets wdh

Fischgratmuster

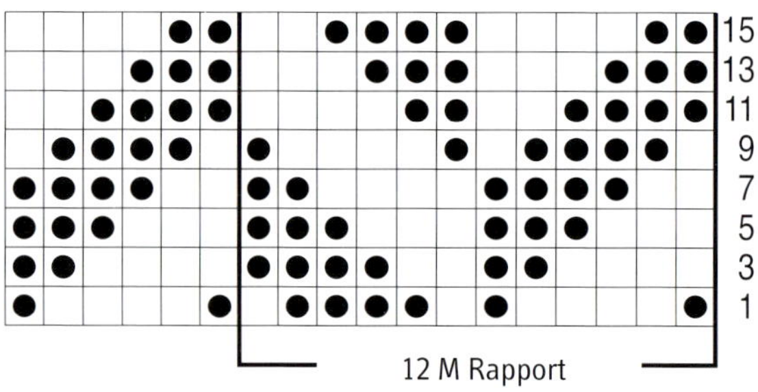

Hahnentrittmuster

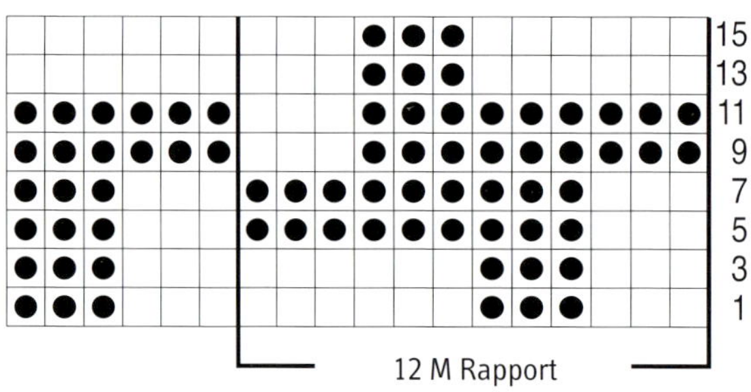

Fischgrat- und Hahnentrittmuster
(Topflappen in Pink und Orange)

M-Zahl teilbar durch 12 + 6 + Rdm. Nach der Strickschrift arbeiten. Es sind nur die Hinr gezeichnet. In den Rückr die M str, wie sie erscheinen.

Anleitung

32 M in der gewünschten Farbe anschlagen und ca. 22 cm (= 48 R) wahlweise im Perl-, Fischgrat- oder Hahnentrittmuster gerade hoch str. Die letzten 2 M beim Abketten vorher zusstr. Für den Aufhänger aus der letzten Abkett-M gleich 12 Lm häkeln, mit 1 Km zum Ring schließen und die Lm mit 1 R Km behäkeln.

● = rechte M
□ = linke M

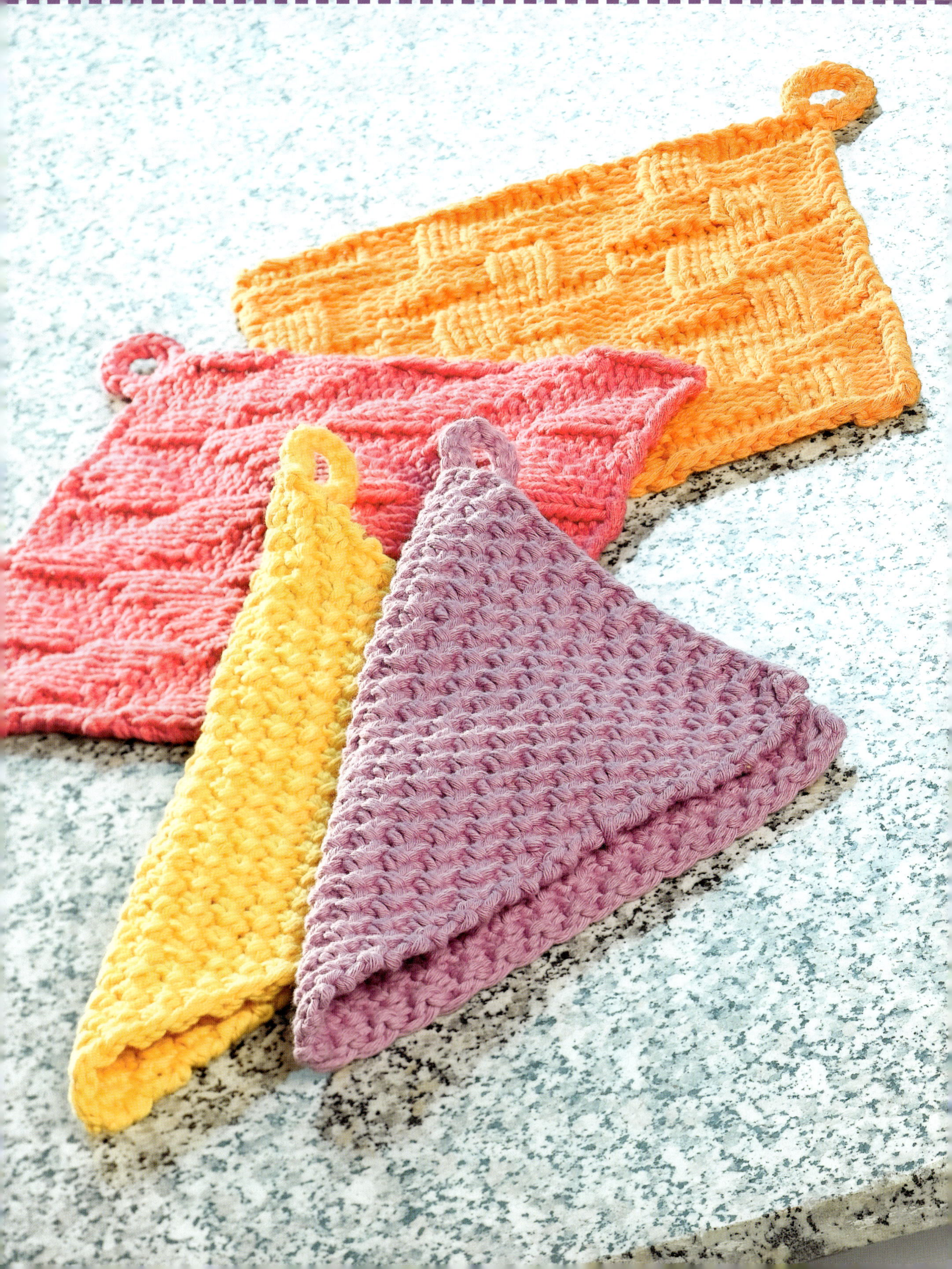

Kunterbunte Kissenschlacht

→ so kommt gute Laune auf

Grundmuster

Glatt rechts: Hinr rechts, Rückr links

Anleitung

Einfaches Streifenkissen

74 M in Fantasy mexico anschlagen und 25 cm (= 70 R) str, dann für die Streifen je 8 R Feuer und 8 R Papaya. Nach 5 Streifen = 40 R noch 40 cm = 110 R in Fantasy mexico str. Das Kissen zur Hälfte legen, zwei Seiten schließen, die Füllung einlegen, dann die offene Naht schließen.

Längs- und quergestreiftes Kissen

74 M in Cyclam (Riviera) anschlagen und je 16 R Cyclam (Riviera), Papaya (Pool), Aubergine (Fantasy mexico), Papaya (Pool), Cyclam (Riviera), Papaya (Pool), Cyclam (Riviera) str = 112 R.
Für die zweite Hälfte aus einer Längskante 74 M in Cyclam (Riviera) auffassen = aus 3 R 2 M auffassen und in der gleichen Streifenfolge arbeiten. Den Streifen zu beiden Seiten 20 cm einschlagen, so sind auf der Vorderseite die Längs- und Querstreifen sichtbar. Die Seitennähte schließen, die Füllung einlegen, dann die offene Naht in der hinteren Mitte schließen.

Vierfarbiges Kissen

Ein 4-farbiges Quadrat (ca. 57 cm x 57 cm) nach dem Schema str. Dazu 52 M in Papaya (Fantasy mexico) und 52 M in Riviera (Cyclam) anschlagen und im Farbwechsel im Grundmuster 26,5 cm (= 70 R) str, dann die Farben wechseln = 52 M in Pool (Aubergine) und 52 M in Feuer (Fantasy mexico). Nach weiteren 26,5 cm (= 70 R) ist die Hülle fertig. Das Quadrat an den Diagonalen nach links einschlagen und die Nähte auf der Rückseite zusnähen, dabei eine Naht für die Kissenfüllung offen lassen. Die Füllung einlegen, dann die Naht schließen.

GRÖSSE
ca. 40 cm x 40 cm

MATERIAL
- Stricknadeln Nr. 4,5-5
- glattes, farblich passendes Garn zum Zusammennähen
- Kissenfüllung, 40 cm x 40 cm

MASCHENPROBE
Mit Nd Nr. 4,5-5 im Grundmuster 18 M und 28 R = 10 cm x 10 cm

EINFACHES STREIFENKISSEN
- Schachenmayr Brazilia Fantasy Color in Fantasy mexico (Fb 387), 150 g
- Schachenmayr Brazilia in Papaya (Fb 28) und Feuer (Fb 30), je 50 g

LÄNGS- UND QUERGESTREIFTES KISSEN
- Schachenmayr Brazilia in Cyclam (Fb 36) und Papaya (Fb 28), je 100 g
- Schachenmayr Brazilia in Aubergine (Fb 49), 50 g

FARBVARIATION
- Schachenmayr Brazilia in Pool (Fb 75) und Riviera (Fb 55), je 100 g
- Schachenmayr Brazilia Fantasy Color in Fantasy mexico (Fb 387), 50 g

VIERFARBIGES KISSEN
- Schachenmayr Brazilia in Pool (Fb 73), Riviera (Fb 55), Papaya (Fb 28) und Feuer (Fb 30), je 50 g

FARBVARIATION
- Schachenmayr Brazilia Fantasy Color in Fantasy mexico (Fb 387), 100 g
- Schachenmayr Brazilia in Aubergine (Fb 49) und Cyclam (Fb 36), je 50 g

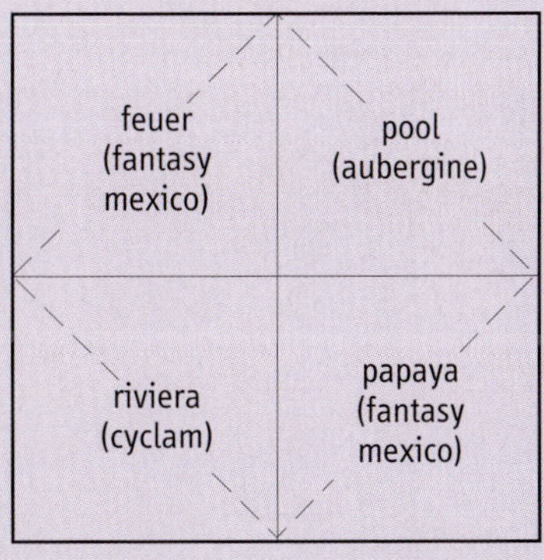

Schöne Stuhlhussen

→ mit Tasche oder Bommeln

Bündchenmuster

1 M rechts, 1 M links im Wechsel

Glatt rechts

Hinr rechts, Rückr links

Schachbrettmuster

3 M Rot, 3 M Weiß im Wechsel. Nach 3 R die Farben versetzen.

Kraus rechts

Hinr rechts, Rückr rechts

Husse mit Bommeln

65 M anschlagen und 2 R kraus rechts str. Weiter glatt rechts str. In ca. 56 cm Höhe noch 2 R kraus rechts str und dann alle M abk. Für die Bommeln je 12 M in Brazilia anschlagen und 15 R kraus rechts str. Alle M abk und den Faden lang abschneiden. Diesen durch die Seitenkante, die Anschlagkante, die andere Seitenkante und den Abkettrand ziehen. Mit etwas Füllwatte ausstopfen und den Faden schließlich festziehen und gut verknoten. Die Husse rechts auf rechts legen und die Seitennähte schließen. Die Bommeln an eine Saumkante anknüpfen.

Tipp: Wir haben bei unserer Husse sieben Bommeln angefertigt. Es können aber, je nach Geschmack, mehr oder weniger gestrickt werden.

Husse mit Tasche

65 M in Natur anschlagen und 2 R im Bündchenmuster str. Weiter glatt rechts. In ca. 58 cm Höhe noch 2 R im Bündchenmuster str und dann alle M abk. Für die Tasche 45 M in Natur anschlagen und glatt rechts im Schachbrettmuster str. In ca. 18 cm Höhe noch 2 R in Natur im Bündchenmuster str und alle M abk. Die Husse rechts auf rechts legen und die Seitennähte schließen. Den Taschenbeutel von links dämpfen und mittig auf die untere Kante aufnähen.

Tipp: Wer ein bisschen Abwechslung mag, kann die Grundfarbe der Husse oder des Schachbrettmusters variieren. So bekommt jeder Stuhl eine andere Farbe.

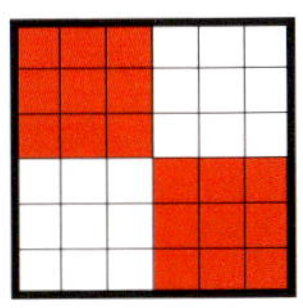

□ = 1 M in Natur

■ = 1 M in Kirsch

GRÖSSE

Husse mit Tasche ca. 40 cm x 30 cm

Husse mit Bommeln ca. 40 cm x 28 cm

MATERIAL

- 1 Paar Stricknd Nr. 5
- stumpfe Wollnd

HUSSE MIT BOMMELN

- Schachenmayr Apollo in Kirsch (Fb 32), 100 g
- Schachenmayr Brazilia in Weiß (Fb 01), 50 g
- Füllwatte

HUSSE MIT TASCHE

- Schachenmayr Apollo in Natur (Fb 02) und Kirsch (Fb 32), je 100 g

MASCHENPROBE

Mit Nd Nr. 5 bei glatt rechts 15 M und 23 R = 10 cm x 10 cm

SOCKEN

Achtung! Socken stricken macht süchtig. Wir zeigen Ihnen hier Modelle für Kinder, Damen und Herren. Mit der praktischen Größentabelle auf Seite 64 können Sie Socken in jeder Größe stricken. Und die Bumerang-Ferse garantiert super Passform!

Füßlinge mit Flauschrand

→ für Schuhe viel zu schade

Bündchenmuster

1 M rechts, 1 M links im Wechsel

Glatt rechts

Hinr rechts, Rückr links bzw. in Runden jede Rd rechts str

Anleitung

60 M in Regia Silk Color anschlagen und für den Minirollrand 5 Rd glatt rechts str. Weiter ca. 3 cm mit Brazilia im Bündchenmuster str. Danach mit Regia Silk Color noch ca. 2 cm glatt rechts str, dann Ferse und Fuß nach der Grundanleitung str. Beide Socken gleich arbeiten.

Wichtig: Bei beiden Socken mit dem gleichen Farbrapport des Colorgarns beginnen und den Faden von außen vom Knäuel nehmen.

Tipp: Ohne Flauschrand und aus Sockenwolle mit Baumwollanteil tragen sich diese Socken bei sommerlichen Temperaturen sehr angenehm in Turnschuhen.

GRÖSSE
38/39

MATERIAL
- Regia Silk Color in Napoli color (Fb 184), 50 g
- Schachenmayr Brazilia in Natur (Fb 02), 50 g oder Rest
- Nadelspiel 2-2,5

MASCHENPROBE
Mit Nd Nr. 2-2,5 in Regia Silk bei glatt rechts 30 M und 42 Rd = 10 cm x 10 cm

Für den Herrn von Welt

→ auch fürs Büro

GRÖSSE
42/43

MATERIAL

- Regia 4fädig Color in Patch antik sand (Fb 5753), 100 g
- Nadelspiel 2-3
- Hilfsnadel

MASCHENPROBE
Mit Nd Nr. 2-3 bei glatt rechts 30 M und 42 Rd = 10 cm x 10 cm

Glatt rechts

Hinr rechts, Rückr links bzw. in Runden jede Rd rechts str

Bündchenmuster

1 M rechts, 1 M links im Wechsel

Strukturmuster

Jede Rd nach Strickschrift über der gestrichelten Linie str, dabei den Rapport von 8 M stets wdh.
Die 1.-4. Rd stets wdh.

Wichtig: Bei beiden Socken mit dem gleichen Farbrapport des Colorgarns beginnen und den Faden von außen vom Knäuel nehmen.

Anleitung

64 M anschlagen und 2 cm im Bündchenmuster str. Danach 13 cm im Strukturmuster str. In 15 cm Schaftlänge noch 1 cm über die M der 1. und 4. Nd glatt rechts und über die M der 2. und 3. Nd im Strukturmuster str.

Die Ferse nach der Grundanleitung arbeiten, danach den Fuß wieder über die M der 1. und 4. Nd glatt rechts und über die M der 2. und 3. Nd im Strukturmuster str. In 22 cm Fußlänge die Spitze arbeiten.

Beide Socken gleich arbeiten.

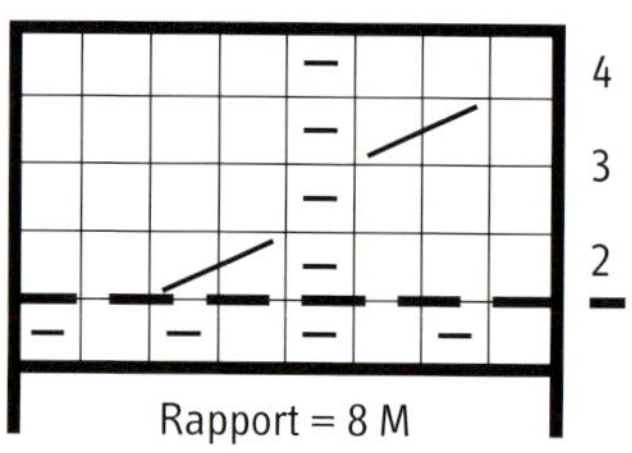

☐ = rechte Masche

⊟ = linke Masche

Sofasocken mit Bommeln

→ immer wieder sonntags

GRÖSSE
38/39

MATERIAL
- Regia Silk in Natur meliert (Fb 02), 100 g
- Regia 4fädig in Sittich (Fb 622), in Regia Silk Rose (Fb 35) und Apricot (Fb 28), Reste
- Nadelspiel 3,5-4,5
- Häkelnadel Nr. 3,5-4

MASCHEN-PROBE
Mit Nd Nr. 3,5-4,5 bei glatt rechts 20 M und 28 Rd = 10 cm x 10 cm

Kraus rechts

In Hinr und Rückr rechts str

Glatt rechts

Hinr rechts, Rückr links bzw. in Runden jede Rd rechts str

Pompons

Aus fester Pappe zwei gleich große Ringe zuschneiden und aufeinander legen.

Den Faden doppelt nehmen, in eine Wollnadel fädeln und die Pappringe mit dem Garn umnähen, bis das Loch in der Mitte ausgefüllt ist.

Dann die Wollfäden entlang der äußeren Kanten zwischen den Pappscheiben durchschneiden. Die Pappscheiben leicht auseinander ziehen, das Fadenbündel mit doppeltem Faden sehr fest umwickeln und gut verknoten.

Die Pappscheiben entfernen und den Pompon gleichmäßig rund schneiden.

Hinweis: Die Socken werden mit doppeltem Faden gestrickt!

Anleitung

44 M anschlagen und in Hinr und Rückr ca. 12 cm kraus rechts str. Die M auf 4 Nd (11 M pro Nd) verteilen und in Rd glatt rechts weiterstr. In ca. 20 cm Gesamtlänge die Bandspitze nach der Grundanleitung arbeiten. Den Anschlag zur Hälfte legen und zusnähen. Für die Bogenkante die Öffnung mit einer Rd fM umhäkeln, mit 1 Km zur Rd schließen und eine Bogen-Rd wie folgt häkeln: 1 fM, *3 Stb in die 2. folgende M, 1 fM in die 2. folgende M, ab * wdh.

Je einen kleinen Pompon (Durchmesser ca. 3 cm) in Rose, Sittich und Apricot anfertigen und an die vordere Mitte der Öffnung nähen.

Tipp: Statt mehrerer kleiner Pompons sieht auch ein großer, bunter Pompon hübsch aus. Dafür entweder verschiedenfarbige Fäden gleichzeitig oder die Farben flächenweise um die Pappscheiben wickeln.

Bunt und lustig

→ mit quergestricktem Bündchen

GRÖSSE
32/33

MATERIAL
- Regia 4fädig Color in Jacquard las vegas (Fb 5269), 50 g
- Regia 4fädig in Mittelgrau meliert (Fb 44), 50 g
- Nadelspiel 2-3

MASCHEN-PROBE
Mit Nd Nr. 2-3 bei glatt rechts 30 M und 42 Rd = 10 cm x 10 cm

Glatt rechts

Hinr rechts, Rückr links bzw. in Runden jede Rd rechts str

Kraus rechts

In Hinr und Rückr rechts str

Anleitung

Der Schaftrand wird kraus rechts in Reihen quer gestrickt. 32 M (= ca. 10 cm) in Jacquard las vegas anschlagen und ca. 18-19 cm kraus rechts str, M abk. Aus den Rdm einer Längsseite in Mittelgrau 56 M aufnehmen und zur Rd schließen. Die offene Kante des Bündchens ist die hintere Mitte (zwischen 1. und 4. Nd).
Weiter glatt rechts 5 cm str, dann Ferse und Fuß nach der Grundanleitung arbeiten. Bei einer Fußlänge von 14,5 cm einen Musterstreifen in Jacquard las vegas einarbeiten. Dafür einen vollständigen Farbrapport auswählen und ca. 2,5 cm glatt rechts stricken. Danach die Spitze in Mittelgrau arbeiten.

Die offene Kante des Schaftrandes zusnähen, sodass die Naht nach dem Umschlagen des Schafts innen liegt. In die untere Kante des Randes Fransen einknüpfen (siehe Abbildung), dabei immer die passende Farbe aus dem Knäuel wählen. Für die Fransen je vier ca. 8 cm lange Fäden zur Hälfte zuslegen, die Schlaufe durch den Rand, dann die losen Enden durch die Schlaufe ziehen und die Fransen festziehen. Die Fransen auf ca. 2,5 cm Länge schneiden.

Beide Socken gleich arbeiten.

Tipp: Die Streifen sind schon im Knäuel. Praktisch: Die Farbstreifen ergeben sich automatisch beim Stricken.

Die Socke mit der neuen Bumerang-Ferse

Anschlag

Die erforderlichen Maschen werden gleichmäßig oder nach Angabe in der Anleitung auf 4 Nadeln des Nadelspiels verteilt. Der Rundenwechsel ist in der rückwärtigen Mitte, also zwischen der 4. und 1. Nadel. Diese Stelle ist automatisch durch den Anfangsfaden gekennzeichnet.

Schaft

Nun wird der Schaft in Runden gearbeitet. Man kann einige Zentimeter Bündchen im Rippenmuster (z. B. 1 Masche rechts, 1 Masche links, oder 2 Maschen rechts, 2 Maschen links im Wechsel) stricken. Durch den Wechsel von rechten und linken Maschen erhält das Bündchen Elastizität. Sie können den Schaft nun komplett im Rippenmuster, glatt rechts oder mit Muster weiterstricken. Nach dem Schaft werden die Bumerang-Ferse und der Fuß gearbeitet.

Die Bumerang-Ferse wird in Reihen glatt rechts über die Maschen der 1. und 4. Nadel gestrickt. Da die Bumerang-Ferse kürzer ist als eine mit Fersenwand und Käppchen, stricken Sie bei Strukturmustern ca. 1 cm bis 2 cm vor Schaftende nur über die Maschen der 1. und 4. Nadel glatt rechts, über die Maschen der 2. und 3. Nadel das Schaftmuster weiter. Dabei werden auch hier, wenn nötig, in der 1. Runde überzählige Maschen auf der 1. und 4. Nadel abgenommen. Die Fersenmaschen in drei Teile aufteilen. Danach werden verkürzte Reihen mit so genannten doppelten Maschen von außen nach innen über die Maschen der Außenteile und über die jeweils äußere Masche des mittleren Drittels gearbeitet, beginnend mit den äußeren Maschen der 1. bzw. 4. Nadel:

Die Bumerang-Ferse

1. Reihe (Hinreihe): Alle Maschen einschließlich der letzten Masche der 1. Nadel rechts stricken, wenden.

2. Reihe (Rückreihe): Eine doppelte Masche arbeiten. Dafür den Faden vor die Arbeit legen, von rechts in die 1. Masche einstechen, dann Masche und Faden zusammen abheben und den Faden fest nach hinten ziehen. Dabei wird die Masche über die Nadel gezogen und liegt doppelt. Wird der Faden nicht fest genug angezogen, entstehen später Löcher. Den Faden wieder nach vorn nehmen und alle Maschen einschließlich der letzten Masche der 4. Nadel links stricken, wenden.

3. Reihe: Eine doppelte Masche arbeiten, dann alle Maschen bis zur doppelten Masche am Reihenende rechts stricken (die doppelte Masche bleibt ungestrickt), wenden.

4. Reihe: Eine doppelte Masche arbeiten und wieder bis vor die doppelte Masche links stricken, wenden.

Die 3. und 4. Reihe wiederholen, bis die letzten doppelten Maschen mit den äußeren Maschen des mittleren Drittels der Fersenmaschen gearbeitet sind.

Nun zwei Runden über alle Maschen, über die Fersenmaschen rechts, über die Maschen der 2. und 3. Nadel im Schaftmuster stricken. Dabei in der 1. Runde bei den doppelten Maschen beide Maschenteile zugleich erfassen und als 1 Masche rechts abstricken.
Nach den zwei Runden wieder verkürzte Reihen mit doppelten Maschen, aber jetzt in entgegengesetzter Richtung von innen nach außen stricken.

1. Reihe (Hinreihe): Alle Maschen einschließlich der letzten Masche des mittleren Drittels rechts stricken, wenden.

2. Reihe (Rückreihe): Eine doppelte Masche arbeiten. Nun links bis einschließlich der letzten Masche des mittleren Drittels zurückstricken, wenden.

3. Reihe: Eine doppelte Masche arbeiten. Nun rechts bis zur doppelten Masche stricken, diese wie beschrieben rechts zusammenstricken und die folgende Masche rechts stricken, dann wenden.

4. Reihe: Eine doppelte Masche arbeiten. Nun links bis zur doppelten Masche stricken, diese wie beschrieben links zusammenstricken, die folgende Masche links stricken und wenden.

Die 3. und 4. Reihe wiederholen, bis auch über den äußeren Fersenmaschen eine doppelte Masche gestrickt wurde. Nach der letzten Rückreihe (in der folgenden Reihe bzw. zu Rundenbeginn wird noch einmal 1 doppelte Masche gearbeitet) in Runden weiterarbeiten, dabei in der 1. Runde die doppelte Masche wie beschrieben rechts abstricken.

Hinweis: Bei dieser Ferse wird kein Zwickel gearbeitet.

Fuß

Nun den Fuß in der in der Tabelle unter „Fußlänge von Fersenmitte bis Spitze" angegebenen Länge arbeiten, dann mit der Bandspitze beginnen.

Bandspitze

Für die Bandspitze bei der 1. und bei der 3. Nadel bis 3 Maschen vor Ende der Nadel stricken, dann 2 Maschen rechts zusammenstricken und die letzte Masche rechts stricken. Bei der 2. und 4. Nadel die 1. Masche rechts stricken und die beiden folgenden Maschen rechts überzogen zusammenstricken. Diese Abnahmen wie in der Tabelle angegeben wiederholen, bis noch 8 Maschen übrig sind. Den Endfaden mit einer Sticknadel ohne Spitze zweimal durch die 8 Maschen ziehen und vernähen.

Größentabelle für Regia 4fädig/Cotton/Silk/Stretch

GRÖSSE	22/23	24/25	26/27	28/29	30/31	32/33	34/35	36/37	38/39	40/41	42/43	44/45	46/47
Maschenanschlag/Maschenzahl je Nadel	44/11	48/12	48/12	52/13	52/13	56/14	56/14	60/15	60/15	64/16	64/16	68/17	72/18
Maschenzahl für Fersenbreite	22	24	24	26	26	28	28	30	30	32	32	34	36
Maschenzahl Bumerang-Ferse	7/8/7	8/8/8	8/8/8	8/10/8	8/10/8	9/10/9	9/10/9	10/10/10	10/10/10	10/12/10	10/12/10	11/12/11	12/12/12
Fußlänge von Fersenmitte bis Spitze in cm	11,5	12,5	14	14	15,5	17	18	18,5	20	21	22	22,5	24
ABNAHME FÜR BANDSPITZE nach der 1. Abnahme in der 4. Runde								1 x	1 x	1 x	1 x	1 x	1 x
in jeder 3. Runde	1 x	1 x	1 x	2 x	2 x	2 x	2 x	2 x	2 x	2 x	2 x	2 x	2 x
in jeder 2. Runde	3 x	3 x	3 x	3 x	3 x	3 x	3 x	3 x	3 x	3 x	3 x	4 x	4 x
in jeder Runde	4 x	5 x	5 x	5 x	5 x	6 x	6 x	6 x	6 x	7 x	7 x	7 x	8 x
Gesamte Fußlänge in cm	14,5	15,5	17	18	19,5	21	22	23,5	25	26,5	27,5	28,5	30

Größentabelle für Regia 8fädig, 4fädig doppelt verstrickt

GRÖSSE	34/35	36/37	38/39	40/41	42/43	44/45	46/47
Maschenanschlag/Maschenzahl je Nadel	40/10	44/11	44/11	48/12	48/12	52/13	52/13
Maschenzahl für Fersenbreite	20	22	22	24	24	26	26
Maschenzahl Bumerang-Ferse	6/8/6	7/8/7	7/8/7	8/8/8	8/8/8	8/10/8	8/10/8
Fußlänge von Fersenmitte bis Spitze in cm	18	19	20,5	21,5	22,5	23	24,5
ABNAHME FÜR BANDSPITZE nach der 1. Abnahme in der 3. Runde							
in jeder 3. Runde	1 x	1 x	1 x	1 x	1 x	1 x	1 x
in jeder 2. Runde	3x	3x	3x	4x	4x	4x	4x
in jeder Runde	3x	4x	4x	4x	4x	5x	5x
Gesamte Fußlänge in cm	22	23,5	25	26,5	27,5	28,5	30

NEU! BUMERANG-FERSE

IMPRESSUM

MODELLE: Annika Beck (S. 20/21, 36-41), Stefanie Hanisch (S. 8/9), Kathja Herrenknecht (S. 24/25, 28/29), Liane Kühn (S. 52/53), Dana Nobereit (S. 14-16, 42-51), Simone Raab (S. 22-24, 26-28, 30-35), Milla Schoen (S. 17-19, 54-62), Tanja Steinbach (S. 10-13)

FOTOS: frechverlag GmbH, 70499 Stuttgart; Fotostudio Ullrich & Co., Renningen

DRUCK UND BINDUNG: Neografia, a.s., Martin, Slowakische Republik

Auflage: 5. 4. 3. 2. 1.
Jahr: 2010 2009 2008 2007 2006 [Letzte Zahlen maßgebend]

ISBN 10: 3-7724-6554-4
ISBN 13: 978-3-7724-6554-3
Best.-Nr. 6554

Strickrechner

cm Maschen/Reihen

cm	8	9	10	11	12	13	14	15	16	17	18	19	20	21	22	23	24	25	26	27	28	29	30	31	32	33	34	35	36	37	38	39	40	41	42	43	44	45	46	47	48	49
100	80	90	100	110	120	130	140	150	160	170	180	190	200	210	220	230	240	250	260	270	280	290	300	310	320	330	340	350	360	370	380	390	400	410	420	430	440	450	460	470	480	490
90	72	81	90	99	108	117	126	135	144	153	162	171	180	189	198	207	216	225	234	243	252	261	270	279	288	297	306	315	324	333	342	351	360	369	378	387	396	405	414	423	432	441
80	64	72	80	88	96	104	112	120	128	136	144	152	160	168	176	184	192	200	208	216	224	232	240	248	256	264	272	280	288	296	304	312	320	328	336	344	352	360	368	376	384	392
70	56	63	70	77	84	91	98	105	112	119	126	133	140	147	154	161	168	175	182	189	196	203	210	217	224	231	238	245	252	259	266	273	280	287	294	301	308	315	322	329	336	343
60	48	54	60	66	72	78	84	90	96	102	108	114	120	126	132	138	144	150	156	162	168	174	180	186	192	198	204	210	216	222	228	234	240	246	252	258	264	270	276	282	288	294
50	40	45	50	55	60	65	70	75	80	85	90	95	100	105	110	115	120	125	130	135	140	145	150	155	160	165	170	175	180	185	190	195	200	205	210	215	220	225	230	235	240	245
40	32	36	40	44	48	52	56	60	64	68	72	76	80	84	88	92	96	100	104	108	112	116	120	124	128	132	136	140	144	148	152	156	160	164	168	172	176	180	184	188	192	196
30	24	27	30	33	36	39	42	45	48	51	54	57	60	63	66	69	72	75	78	81	84	87	90	93	96	99	102	105	108	111	114	117	120	123	126	129	132	135	138	141	144	147
20	16	18	20	22	24	26	28	30	32	34	36	38	40	42	44	46	48	50	52	54	56	58	60	62	64	66	68	70	72	74	76	78	80	82	84	86	88	90	92	94	96	98
10	8	9	10	11	12	13	14	15	16	17	18	19	20	21	22	23	24	25	26	27	28	29	30	31	32	33	34	35	36	37	38	39	40	41	42	43	44	45	46	47	48	49
9	7	8	9	10	11	12	13	14	14	15	16	17	18	19	20	21	22	23	23	24	25	26	27	28	29	30	31	32	32	33	34	35	36	37	38	39	40	41	41	42	43	44
8	6	7	8	9	10	10	11	12	13	14	14	15	16	17	18	18	19	20	21	22	22	23	24	25	26	26	27	28	29	30	30	31	32	33	34	34	35	36	37	38	38	39
7	6	6	7	8	8	9	10	11	11	12	13	13	14	15	15	16	17	18	18	19	20	20	21	22	22	23	24	25	25	26	27	27	28	29	29	30	31	32	32	33	34	34
6	5	5	6	7	7	8	8	9	10	10	11	11	12	13	13	14	14	15	16	16	17	17	18	19	19	20	20	21	22	22	23	23	24	25	25	26	26	27	28	28	29	29
5	4	5	5	6	6	7	7	8	8	9	9	10	10	11	11	12	12	13	13	14	14	15	15	16	16	17	17	18	18	19	19	20	20	21	21	22	22	23	23	24	24	25
4	3	4	4	4	5	5	6	6	6	7	7	8	8	8	9	9	10	10	10	11	11	12	12	12	13	13	14	14	14	15	15	16	16	16	17	17	18	18	18	19	19	20
3	2	3	3	3	4	4	4	5	5	5	5	6	6	6	7	7	7	8	8	8	8	9	9	9	10	10	10	11	11	11	11	12	12	12	13	13	13	14	14	14	14	15
2	2	2	2	2	2	3	3	3	3	3	4	4	4	4	4	5	5	5	5	5	6	6	6	6	6	7	7	7	7	7	8	8	8	8	8	9	9	9	9	9	10	10
1	1	1	1	1	1	1	1	2	2	2	2	2	2	2	2	2	2	3	3	3	3	3	3	3	3	3	3	4	4	4	4	4	4	4	4	4	4	5	5	5	5	5

BEISPIEL STRICKRECHNER

Gezählt:
21 Maschen auf 10 cm

Gehe zu:
Spalte Maschen/Reihe 21

Gesucht:
Maschenzahl für die Länge von 54 cm

Aus Tabelle lesen:
bei 50 cm = 105 Maschen/Reihen
bei 4 cm = 8 Maschen/Reihen

Ergebnis:
bei 54 cm = 113 Maschen/Reihen

Maßtabelle (Angaben in cm)

Alter	1-3 Monate	3-6 Monate	6-9 Monate	9-11 Monate	11-12 Monate	1-2 Jahre	3 Jahre	4 Jahre	5 Jahre	6 Jahre
Größe	**62**	**68**	**74**	**80**	**86**	**92**	**98**	**104**	**110**	**116**
Gesamtweite	23	24	26	28	30	32	37	38	40	42
Gesamtlänge	24	25	27	29	32	34	40	42	43	47
Halsausschnitt	9	10	10	11	12	13	14	15	15	16
Ärmellänge gesamt	15	16	17	19	21	23	28	30	32	34
Ärmelbreite unten	14	15	16	16	17	17	18	18	20	20
Ärmelbreite oben	22	24	24	26	28	30	34	36	38	38

Bei den Werten in der Tabelle handelt es sich um Durchschnittswerte, die Sie individuell anpassen könen. Bei dickeren Garnen empfiehlt es sich, bei der Breite und Länge 2 bis 3 cm zuzugeben.